La felicidad de Francisco

La felicidad de Francisco

Palabras de amor, paz e inspiración para alcanzar la dicha

Edición de Mario Bérgamo

ROBIN
BOOK

© 2013, Mario Bérgamo
© 2013, Ediciones Robinbook, s. l., Barcelona

Diseño de cubierta: Regina Richling
Ilustración de cubierta: iStockphoto
Diseño interior: Raquel García

ISBN: 978-84-9917-310-8
Depósito legal: B-11.918-2013

Impreso por Gràfiques Cromo Quatre,
c/ Batista i Roca, 9A,
(Pol. Ind. Pla d'en Boet II)
08302 Mataró

Impreso en España - *Printed in Spain*

ÍNDICE

Índice

Índice

Índice

INTRODUCCIÓN

> **"** *Todos los actos realizados en el mundo empiezan en la imaginación.* **"**
>
> *Bárbara Grizzuti Harrison*

odos perseguimos la felicidad. Sin embargo, mucha gente se siente disconforme con algún aspecto de su vida que le impide ser feliz por completo... Se percibe en el aire una sensación de vacío existencial, de tristeza y frustración de tal magnitud que casi puede palparse. Muchos asisten a médicos, gurúes, consumen productos que no necesitan, antidepresivos, ansiolíticos o alcohol para evadirse. Esto nos lleva a una pregunta fundamental: ¿qué es lo que nos está sucediendo?, ¿qué nos impulsa a vivir de esa manera, sin un sentido claro...? La respuesta es sencilla: nos hace falta una guía, no un ídolo, sino un faro que nos indique claramente el camino más conveniente para seguir. Nos hace falta alguien con la suficiente sabiduría y bondad como para tomarnos de la mano y conducirnos hacia esa orilla de plenitud; alguien que nos haga abrir los ojos y nos muestre que el mundo está lleno de belleza y que se puede ser feliz, amar y ser amado.

■ En otro tiempo, ya Séneca se refería a esta problemática con estas palabras: "Todos, oh hermano Galión, desean vivir bienaventuradamente; pero andan a ciegas en el conocimiento de aquello que hace bienaventurada la vida (...). Ante toda cosa, pues, hemos de proponer cuál es la que apetecemos; después, mirar por qué medios podremos llegar con mayor presteza a conseguirla, haciendo reflexión en el mismo camino de lo que cada día nos vamos adelantando, y cuánto nos alejamos de aquello a que nos impele nuestro natural apetito. En todo el tiempo que andamos vagando, sin llevar otra guía más que el estruendo y vocería de los distraídos que nos llaman a diversas acciones, se consume entre errores nuestra vida, que es breve. Determinemos, pues, adónde y por dónde hemos de caminar, y no vayamos sin adalid que tenga noticia de la parte a que se encamina nuestro viaje".

■ Este libro, justamente, fue pensado como un medio para hacer llegar esas palabras de aliento y esperanza que tanto se necesitan en nuestra marcha de todos los días, y, sobre todo, en las situaciones más críticas de nuestras vidas.

■ De ahí que este libro ofrezca pensamientos y reflexiones del papa Francisco (Jorge Mario Bergoglio), actual figura emblemática para muchos creyentes y no creyentes, que muestran su sabiduría, su fe y su amor al prójimo. Es preciso aclarar aquí que este texto no abordará, en sí, los temas desplegados por la

Iglesia católica romana, más bien pretende comportarse como un verdadero manual de ayuda, un sendero hacia la ventura, los buenos sentimientos y la existencia íntegra y cordial.

- Por tal motivo, se recogen sus homilías —obtenidas gracias a la generosa contribución de la Agencia Informativa Católica Argentina—, libros, entrevistas y diversos medios gráficos: frases, recomendaciones y exhortaciones que pueden dar un giro a la vida de cada uno, que pueden proporcionar ese empuje, ese aliento que tanta falta hace cuando transitar nuestro camino se vuelve arduo y hasta penoso.

- Sus palabras incitan al coraje, al amor, a la fortaleza, a la caridad y al compromiso.

- Para completar este trabajo, se incluyen citas de escritores, filósofos y celebridades que, de alguna manera, refuerzan el mensaje papal.

- Temas tales como el trabajar por la paz, sobre el optimismo, la lucha diaria para avanzar por la vida, la importancia de los sueños, de las emociones, la solidaridad, la necesidad del trabajo y del descanso, la humildad, la bondad y la caridad son los que aparecen, entre otros, para encarar ciertas pautas que permitan establecer una guía para poder ver entre tanta oscuridad, para poder apreciar que en esta vida hay situaciones muy positivas que pueden ser alcanzadas tomando las decisiones más convenientes, actuando con coherencia y con fe.

■ No se puede seguir en la vida arrastrando penas, sufriendo y parar solamente para acarrear más desgracias; es necesario, en un punto, saber frenar a tiempo y pedir socorro, guía y consejos para implementar cambios que nos ayuden a sentirnos mejor. El *insight* debe hacerse ahora, el cambio tiene que generarse ya. No se puede esperar.

■ Cuando Francisco dice: "Sin la esperanza, también podemos caminar, pero nos vamos volviendo fríos, indiferentes, ensimismados, distantes, excluidores", es muy cierto, porque, si cerramos todos nuestros caminos y no solicitamos ayuda ni vemos la manera de producir un cambio en nuestra realidad actual, se hace imposible continuar por el sendero.

■ La vida es una fiesta y se la debe vivir intensamente, rodeados de afectos, júbilo y con salud. Es y tiene que ser posible el vivir felices, el dar y el recibir cariño, el tener una pareja amorosa y atenta, el estar rodeados de amigos y compañeros de rutas, el gozar de buena salud, poder levantarnos con una sonrisa, poder conseguir un buen empleo, y momentos de ocio y de relajación, el hermanarse con quienes nos rodean, ser buenos consejeros para nuestros hijos, familiares y amigos, y poder trabajar para cumplir con nuestros objetivos y lograr un mundo mejor.

■ Todos juntos podemos construir una realidad diferente, sólo es cuestión de arremangarnos y de trabajar para que no queden los proyectos convertidos en meras utopías. Unidos, con un esfuerzo bien dirigido, con comprensión y "verdaderas ganas de actuar", se puede transformar lo que tenemos enfrente y diseñar un presente y un futuro dignos para nosotros y nuestros hijos.

PAZ

Augura y recibe paz

La esperanza consolidada no sólo apunta al futuro, sino que también se desborda en el mismo presente y se expresa en deseos de paz y fraternidad universal que, para convertirse en realidad, se ha de enraizar en cada corazón nuestro. (...) Cada vez que leo el relato (Lc. 2:1-7) y contemplo la escena adentrándome en este espíritu de esperanza y de paz, pienso en todos los hombres y las mujeres, creyentes o no creyentes, que andan el camino de la vida y *senderean* tantas búsquedas en esperanza o en desesperanza, y me brota el deseo de acercarme, de augurar paz, mucha paz y también de recibirla; paz de hermanos, pues todos lo somos... paz que construye. Augurar y recibir esa paz que definitivamente posibilita que, en medio de tantas neblinas y noches, podamos reconocernos y reencontrarnos como hermanos (....).

No te des por vencido ni aun vencido

Estás empobrecido, parte de tu herencia la has malgastado y parte te la han robado. Es verdad. Pero te queda lo más valioso: el rescoldo de tu dignidad siempre intacta y la llamita de tu esperanza, que se enciende de nuevo cada día. Te queda esa reserva espiritual que heredaste.

¿Cómo ves el vaso: medio vacío o medio lleno?

El optimismo es una cuestión más psicológica, una posición ante la vida. Hay gente que ve siempre el medio vaso lleno y otra, por el contrario, el medio vaso vacío. (…). Solemos darle más importancia a la fe y a la caridad. Sin embargo, la esperanza es la que te estructura todo el camino. El peligro es enamorarse del sendero y perder de vista a la meta, y otro peligro es el quietismo: estar mirando a la meta y no hacer nada en el camino.

¡Continúa caminando!

Todo caminar nos obliga a ponernos en marcha, en movimiento, nos desinstala, y nos pone en situación de luchas espirituales. Debemos prestar especial atención a lo que pasa en el corazón; estar atento al movimiento de los diversos espíritus: el bueno, el malo, el propio.

66 *Solamente puedes tener paz si tú la proporcionas.* **99**

Marie Von Ebner-Eschenbach

> **Tengo mi propia versión del optimismo. Si no puedo cruzar una puerta, cruzaré otra o haré otra puerta. Algo maravilloso vendrá, no importa lo oscuro que esté el presente.**

Rabindranath Tagore

La fe y la esperanza te conecta con los otros

La esperanza nos libra de esa fuerza centrípeta que lleva al ciudadano actual a vivir aislado dentro de la gran ciudad, esperando el *delivery* y conectado sólo virtualmente. El creyente que mira con la luz de la esperanza combate la *tentación de no mirar* que se da o por vivir amurallado en los bastiones de la propia nostalgia o por la sed de curiosear. (...) En este sentido, la mirada de fe, a la vez que se alimenta de cercanía y no tolera la distancia, tampoco se sacia con *lo momentáneo y coyuntural*, y, por eso, para ver bien, se involucra en los procesos que son propios de todo lo vital. (...). Y, como los procesos vitales requieren tiempo, *acompaña*. Nos salva así de la tentación de vivir en ese tiempo propio de la postmodernidad.

Di "no" a la esperanza *light*

Queremos reflexionar entonces, sobre la esperanza. Pero no sobre una esperanza *light*, desvitalizada, separada del drama de la existencia humana. Interrogaremos a la esperanza a partir de los problemas más hondos que nos aquejan y que constituyen nuestra lucha cotidiana, en nuestra tarea educativa, en nuestra convivencia y en nuestra misma interioridad. Le pediremos que nos ayude a reconocer lúcidamente los desafíos que se nos plantean (...), a vivir con mayor intensidad todas las dimensiones de nuestra existencia. Deseamos solicitarle que aporte sentido y sustancia a nuestros compromisos y emprendimientos, aun a aquellos que llevamos con mayor dificultad, casi como una cruz.

(...) ¿Qué sentido tendría consagrar las propias fuerzas a algo cuyos resultados no se ven inmediatamente, si todos esos esfuerzos no estuvieran enhebrados por el hilo invisible pero solidísimo de la esperanza? Ofrecer unos conocimientos, proponer unos valores, despertar

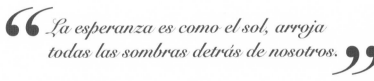

La esperanza es como el sol, arroja todas las sombras detrás de nosotros.

Samuel Smiles

unas posibilidades y compartir la propia fe son tareas que sólo pueden tener un motivo: la confianza en que esas semillas se desarrollarán y producirán fruto a su tiempo y a su manera. (…). Una reflexión sobre la esperanza con tales pretensiones nos lleva, sin duda, a transitar rutas difíciles. Entraña encrucijadas en las cuales es necesario echar mano a la sabiduría acumulada que representan las ciencias humanas y la teología. Y puede adquirir una dureza nada consoladora al obligarnos a enfrentar los límites de la realidad concreta, del mundo y la nuestra propia. Por eso, lo que aquí se ofrece es, más que nada, una invitación a mirar esa realidad de un modo esperanzado.

No temas a las ilusiones y expectativas

Le tenemos miedo a la esperanza y preferimos *acovacharnos* en nuestros límites, mezquindades y pecados, en las dudas y negaciones que, bien o mal, nos prometemos poder manejar.

Jamás pierdas la esperanza, ni en los peores momentos

Tanto en el dolor del hombre herido que yace semiconsciente sin posibilidad de salvarse dando la impresión de que no se puede hacer nada efectivo por él, como en el desencanto autoconsciente (...) late la misma falta de esperanza.

No te transformes en un ser indiferente

Sin la esperanza, también podemos caminar, pero nos vamos volviendo fríos, indiferentes, ensimismados, distantes, excluidores.

En los momentos más oscuros, puede surgir una luz

La capacidad creativa para generar trabajo y salir adelante suele aparecer, especialmente, en las crisis más profundas, cuando no queda otra.

" No te rindas, aún estás a tiempo
de alcanzar y comenzar de nuevo,
aceptar tus sombras,
enterrar tus miedos,
liberar el lastre, retomar el vuelo.
No te rindas que la vida es eso,
continuar el viaje,
perseguir tus sueños. "

Del poema "No te rindas",
de Mario Benedetti

¡No bajes los brazos, apuesta al presente y al futuro!

El objeto de esta meditación no es recargar las tintas en la sensación de amenaza sino, por el contrario, invitarlos a la esperanza. (…). La esperanza es la virtud de lo arduo pero posible, aquella que invita, sí, a no bajar nunca los brazos, pero no de un modo meramente voluntarista, sino encontrando la mejor forma de mantenerlos en actividad, de hacer con ellos algo real y concreto. Virtud que por momentos nos impulsa a avanzar, gritar y sacudirnos las tendencias a la inacción, la resignación y la caída. Pero que, en otras ocasiones, nos invita a callar y sufrir, alimentando nuestro interior con los deseos, ideales y recursos que nos permitirán (...) dar a luz realidades más humanas, más justas, más fraternas. (...). Si los gestos de solidaridad y amor desinteresado siempre fueron una especie de profecía, un signo poderoso de la posibilidad de otra historia, hoy su carga de propuesta es infinitamente mayor. Marcan una huella transitable en medio del pantano, una dirección justa en el instante de extravío. Contrariamente, la mentira y el robo (ingredientes principales de la corrupción) siempre son males que destruyen la comunidad.

(...) Sabemos que, aun lo que parece fracaso, puede ser camino de salvación. Esto es lo que puntualmente hace la diferencia entre un drama y

> **"** *"La desesperanza está fundada en lo que sabemos, que es nada, y la esperanza, sobre lo que ignoramos, que es todo".* **"**
>
> *Maurice Maeterlinck*

una tragedia. Mientras que en la segunda el destino ineluctable arrastra la empresa humana al desastre sin contemplaciones y todo intento de enfrentarlo no hace más que empeorar el final irremisible; en el drama, en cambio, la vida y la muerte, el bien y el mal, el triunfo y la derrota se mantienen como alternativas posibles: nada más lejos de un optimismo estúpido, pero también del pesimismo trágico, porque en esa encrucijada quizás angustiante, podemos también intentar reconocer los signos ocultos de la presencia de Dios, aunque más no sea, como *chance*, como invitación al cambio y a la acción... y también como promesa.

> **❝** *Por muy larga que sea la tormenta, el Sol siempre vuelve a brillar entre las nubes.* **❞**
>
> *Kahlil Gibran*

Una virtud que nos conduce a buen puerto

Tenemos que hacernos cargo del camino, en él aparece toda nuestra creatividad, nuestro trabajo para transformar este mundo. (...). Los primeros cristianos unían la imagen de la muerte con la de la esperanza y usaban como símbolo el ancla. Entonces, la esperanza era el ancla que uno tenía clavada en la orilla y con la soga se iba agarrando para progresar sin desviarse. La salvación está en la esperanza, que se nos va a desvelar plenamente, pero mientras tanto estamos agarrados a la soga y haciendo lo que creemos que tenemos que hacer.

PERSEVERANCIA

Recupera tu capacidad de asombro

Uno de los peligros más grandes que nos acechan es el *acostumbramiento*. Nos vamos acostumbrando tanto a la vida y a todo lo que hay en ella que ya nada nos asombra; ni lo bueno para dar gracias, ni lo malo para entristecernos verdaderamente (...). El acostumbramiento nos anestesia el corazón, no hay capacidad para ese asombro que nos renueva en la esperanza, no hay lugar para el reconocimiento del mal y poder para luchar contra él.

Los que actúan y perseveran triunfan

Hay que dar lugar al tiempo y a la constancia organizativa y creadora, apelar menos al reclamo, estéril, a las ilusiones y promesas, y dedicarnos a la acción firme y perseverante. Por este camino, florece la esperanza (...). Hoy, más que nunca, nos convoca la esperanza. Ella nos inspira y da fuerzas para levantarnos (...), abajarnos en la humildad del servicio, y dar dándonos a nosotros mismos. (...). El camino es más sencillo: sólo debemos (...) escuchar el llamado a la tarea común, no disfrazar nuestros límites, sino aceptar la alegría de compartir, antes que la inquietud del acaparar.

¡Apasiónate por la vida!

El acostumbramiento es un freno, un callo que aprisiona al corazón, vamos "tirando" y perdemos la capacidad de "mirar bien" y dar respuesta. (...) ¡Estamos en riesgo! Como sociedad poco a poco nos hemos acostumbrado a oír y a ver, a través de los medios de comunicación, la crónica negra de cada día; y lo que aún es peor, también nos acostumbramos a tocarla y a sentirla a nuestro alrededor sin que nos produzca nada (...), como ciegos y sordos convivimos con la violencia que mata, destruye familias y barrios, aviva guerras y conflictos en tantos lugares, y la miramos como una película más. (...) Hay que entrenar el corazón para no mutilar nuestra capacidad de asombro y de dolor; para que la realidad no nos sea indiferente.

> *La gente debe de sentir que el mundo natural es importante y valioso, hermoso y maravilloso, asombroso y placentero.*
>
> *David Attenborough*

> **❝** *El único egoísmo aceptable es el de procurar que todos estén bien para estar uno mejor.* **❞**
>
> *Jacinto Benavente*

El poder del cambio y la creación está en tus manos

Vamos a centrarnos en la creatividad como característica de una esperanza activa. ¿En qué sentido podemos ser creativos, creadores, nosotros los seres humanos? No lo será en el sentido de "crear de la nada" como Dios, obviamente. Nuestra capacidad de crear es bastante más humilde y acotada puesto que es un don de Dios que, ante todo, debemos recibir. Nosotros, a la hora de ejercer nuestra creatividad, debemos aprender a movernos dentro de la tensión entre la novedad y la continuidad. Es decir, debemos dar lugar a lo nuevo a partir de lo ya conocido. Para la creatividad humana, no hay ni "creación de la nada" ni "idéntica repetición de lo mismo". Actuar creativamente implica hacerse seriamente cargo de lo que hay, en toda su densidad, y encontrar el camino por el cual a partir de allí se manifieste algo nuevo. (…).

Si ser creativos tiene que ver con ser capaces de abrirse a lo nuevo, eso no significa descuidar el elemento de continuidad con lo anterior. (...). Y así como no hay forma de curar a un enfermo si no nos apoyamos en lo que tiene de sano, del mismo modo no podemos crear algo nuevo en la historia si no es a partir de los materiales que la misma historia nos brinda. (…).

Si la creatividad no es capaz de asumir los aspectos vivos de lo real y presente, deviene rápidamente en imposición autoritaria, brutal reemplazo de una "verdad" por otra. ¿No será ésta una de las claves de nuestra dificultad para llevar adelante una dinámica más positiva? Si siempre, para construir, tendemos a voltear y pisotear lo que otros han hecho antes, ¿cómo podremos fundar algo sólido? ¿Cómo podremos evitar sembrar nuevos odios que más tarde echen por tierra lo que nosotros hayamos podido hacer?

No es lo mismo vivir que honrar la vida

La vida es siempre dar, darse, y cuesta cuidar la vida, ¡vaya si cuesta!, cuesta lágrimas. Qué lindo es cuidar la vida, dejar crecer la vida (...), y darla abundantemente.

Mantente firme en tus convicciones y verdades

Desdichado el que no se mantiene mansamente en la verdad, el que no sabe en qué cree, el ambiguo, el que cuida a toda costa su espacio e imagen, su pequeño mundito de ambiciones. A éste —tarde o temprano— sus miedos le estallarán en agresión, en omnipotencia e improvisación irresponsable. Desdichado el vengativo y el rencoroso, el que busca enemigos y culpables sólo afuera, para no convivir con su amargura y resentimiento, porque con el tiempo se pervertirá, haciendo de estos sentimientos una pseudoidentidad, cuando no un negocio.

> ❝ *Todas las personas tienen la disposición de trabajar creativamente. Lo que sucede es que la mayoría jamás lo nota.* ❞
>
> *Truman Capote*

VALORES

Lucha por tus ideales

(...) que nuestros corazones crezcan en conciencia, que no tengamos miedo de luchar por esta justicia que —hoy podemos repetir otra vez— es tan largamente esperada.

Respeta tus propios valores

Si en algo fallan nuestros valores es porque no los vivimos a fondo. No es que tengamos que reemplazarlos por otros, sino que tenemos que arrepentirnos de no haberlos guardado bien y comenzar a vivirlos en toda su plenitud.

Afirma tu identidad

No podemos, sea del credo al que pertenezcamos, claudicar de la soberanía de la persona humana, del señorío de la persona humana sobre toda la creación. No somos seres de laboratorio que nos vamos construyendo día a día de manera distinta, sin una identidad permanente. Queremos defender nuestra identidad, nuestra persona, y eso lo vamos a hacer saliendo siempre hacia fuera, evitando ese volver sobre nosotros mismos, que nos va destruyendo, nos va diseccionando, y nos va haciendo ratas de laboratorio, en vez de ser personas activas que van haciendo la historia.

Con qué preceptos puedes guiar tu vida

Hay que partir de las grandes certezas existenciales. Por ejemplo: hacer el bien y evitar el mal, que es una de las certezas morales más elementales. También hay certezas culturales y convivenciales. Pero hay que ir a las grandes certezas existenciales hechas carne en la coherencia de vida y, desde allí, dar los pasos hacia adelante.

Cuando tu entrega es auténtica

La fe es ungir al otro con nuestra confianza y adhesión total, y para ello uno debe despojarse de sus reservas mentales y prejuicios. (…). La caridad también es una unción, es ungir al otro con nuestras obras de misericordia, pero practicadas desde el don de nosotros mismos, que supone despojo y entrega: la caridad unge al otro con el don total de sí, no con dar cosas.

El único egoísmo aceptable es el de procurar que todos estén bien para estar uno mejor.

Jacinto Benavente

Analiza tus valores, ellos te darán
la oportunidad de crecer

En nuestra cultura prevalecen valores fundamentales como la fe, la amistad, el amor por la vida, la búsqueda del respeto a la dignidad del varón y la mujer, el espíritu de libertad, la solidaridad, el interés por los pertinentes reclamos ante la justicia, la educación de los hijos, el aprecio por la familia, el amor a la tierra, la sensibilidad hacia el medio ambiente, y ese ingenio popular que no baja los brazos para resolver solidariamente las situaciones duras de la vida cotidiana. Esos valores (...) son fundamentos sólidos y verdaderos sobre los cuales podemos avanzar hacia un nuevo proyecto.

Defiende tu dignidad

Si un hombre o un pueblo cuida y cultiva su dignidad, todo lo que le acontece, todo lo que hace y produce, incluso todo lo que padece y sufre, tiene sentido. En cambio, cuando una persona o un pueblo vende su dignidad, o la negocia, o permite que sea menoscabada, todo lo demás pierde consistencia, deja de tener valor. La dignidad se dice de las cosas absolutas porque dignidad significa que alguien o algo es valioso por sí mismo, más allá de sus funciones o de su utilidad para otras cosas. De allí que hablemos de la dignidad de la persona, de cada persona, más allá de que su vida física sea apenas un frágil comienzo o esté a punto de apagarse como una velita. Por eso hablamos de la dignidad de la persona en todas las etapas y dimensiones de su vida. La persona, cuánto más frágiles y vulnerables sean sus condiciones de vida, es más digna de ser reconocida como valiosa. Y ha de ser ayudada, querida, defendida y promovida en su dignidad. Y esto no se negocia. (…).

La dignidad de la persona es lo mismo que su vida plena: por eso, la sentimos tan unida a la familia, a la paz y al trabajo.

La familia es condición necesaria para que una persona tome conciencia y valore su dignidad: en nuestra familia se nos trajo a la vida, se nos aceptó como valiosos por nosotros mismos, en la familia se nos quiere como somos, se valora nuestra felicidad y vocación personal más allá de todo interés. Sin la familia, que reconoce la dignidad de la persona por sí misma, la sociedad no logra "percibir" este valor en las situaciones límites.

El valor de la gratitud y la nobleza

Es que la gratitud es una flor que florece en almas nobles.

Sé firme en tus principios, aun en la adversidad

Felices los limpios de corazón que no temen poner en juego sus ideales, porque aman la pureza de sus convicciones vividas y transmitidas con intensidad sin esperar los aplausos, el relativo juicio de las encuestas o la ocasión favorable de mejores posiciones. No cambian su discurso para acceder a los poderosos ni lo vuelven a desvestir para ganarse el aplauso efímero de las masas. Bienaventurados los limpios de corazón que informan, piensan y hacen pensar sobre estas cosas fundamentales y no nos quieren distraer con hechos secundarios o banales. Los que no entregan su palabra o su silencio a los que dominan, ni quedan atrapados en sus dictados.

> *La desorientación del mundo actual parte de la separación entre el mundo técnico, científico y político de la lógica del interior del hombre, de sus valores, de su imaginación.*

Alain Touraine

CONVIVENCIA

Pensar en el otro es pensar en ti

(...) además de mis necesidades, apetencias y preferencias, están las del otro. Y lo que satisface a uno a costa del otro termina destruyendo a uno y a otro.

Respetar las leyes es también cuidarnos entre todos

Ciego y desdichado es, en el fondo de su conciencia, el que lesiona lo que le da dignidad. Aunque parezca vivo y se jacte de gozos efímeros, ¡qué carencia! La anomia es una "malaventuranza": esa tentación de "dejar hacer", de "dejar pasar", ese descuidar la ley, que llega hasta la pérdida de vidas; esa manera de malvivir sin respetar reglas que nos cuidan, donde sólo sobrevive el pícaro y el malechor, y que nos sumerge en un cono de sombra y desconfianza mutua. Qué dicha en cambio siente uno cuando se hace justicia, cuando sentimos que la ley no fue manipulada, que la justicia no fue sólo para los adeptos, para los que negociaron más o tuvieron peso para exigir.

> *Ganamos justicia más rápidamente si hacemos justicia a la parte contraria.*
>
> *Mahatma Gandhi*

> *Para crear una paz interior, lo más importante es la práctica de la compasión y el amor, la compresión y el respeto por todas las formas de vida.*
>
> *Dalai Lama*

Reflexiona acerca de la *projimidad*

Quizá puede ser hasta un ejercicio matutino (y también un autoexamen antes de dormir): ¿Cómo voy a hacer hoy para amar efectivamente a mis alumnos, a mis familiares, a mis vecinos? ¿Qué "trampas" voy a poner en juego para confundir y vencer a mi egoísmo? ¿Qué apoyos voy a buscarme? ¿Qué terrenos voy a preparar en el otro, en los grupos en que participo, en mi propia conciencia, qué semillas voy a sembrar para poder por fin amar al prójimo, y qué frutos preveo recoger hoy? Hacernos prójimos, entonces: el amor como tarea.

La convivencia es algo más que una mera coexistencia

Y en lo que hace al encuentro y convivencia entre los hombres no caben medias tintas. Somos pueblo. Somos con otros y somos por otros; y por esto mismo somos para otros. Porque somos para otros, con otros y por otros, somos pueblo y nada menos que pueblo. Somos hombres y mujeres con capacidad de infinito, con conciencia crítica, con hambre de justicia y fraternidad. Con deseos de saber para no ser manipulados, con gusto por la fiesta, la amistad y la belleza. Somos un pueblo que camina, que canta y alaba. Somos un pueblo herido y un pueblo de brazos abiertos, que marcha con esperanza, con aguante en la mala y a veces un poco rápido para gastar a cuenta en la buena. Somos un pueblo con vocación de grandeza.

Rompe la burbuja de tu egocentrismo

También nosotros podemos ser santos (…) en nuestra familia, en nuestro barrio, en el lugar donde nos movemos y trabajamos. Ser una persona que escucha lo que necesita la gente, pero no sólo para afligirnos o para ir a contarle a otro (…). Escuchar para así poder ayudar: intercediendo y dando una mano.

El prejuicio te sume en la soledad

Toda persona puede aportarnos algo y toda persona puede recibir algo de nosotros. El prejuicio es como un muro que nos impide encontrarnos.

Confronta la realidad con intenciones constructivas

Qué desventurados en cambio somos cuando *malusamos* la libertad que nos da la ley para burlarnos de nuestras creencias y convicciones más profundas, cuando despreciamos o ignoramos a nuestros próceres o al legado de nuestro pasado (…). El maduro acatamiento de la ley, en cambio, es el del sabio, el del humilde, el del sensato, el del prudente que sabe que la realidad se transforma a partir y contando con ella, convocando, planificando, convenciendo, no inventando mundos contrapuestos, ni proponiendo saltos al vacío desde equívocos vanguardismos.

❝*Amar es encontrar en la felicidad de otro tu propia felicidad.***❞**

Gottfried Wilhelm Leibniz

Di: "¡aquí estoy para ti!"
Si no podemos pronunciar con nuestra vida el
"aquí estoy (para ti)", mejor calla, no hables, no
sea que te sumes a tanto palabrerío hueco que
anda dando vuelta por nuestra gran ciudad.
¡Cómo nos cuesta decir "Aquí estoy"! Muchas
veces lo condicionamos…
* Aquí estoy, si coincide con lo que yo pienso…
* Aquí estoy, si me gusta la propuesta, los
tiempos…
* Aquí estoy, si no me significa morir a mis planes,
proyectos….

Alcanza la plenitud despojándote del personalismo
Sólo se puede nombrar al "pueblo" desde el
compromiso, desde la participación. Es un vocablo
que trae consigo tanta carga emocional y tanta
proyección de esperanzas y utopías, que se
desnaturaliza si se lo toma sólo como una cuestión
"objetiva", externa al que lo incluye en su
discurso. Más que una palabra es una "llamada"
una con-vocación a salir del encierro
individualista, del interés propio y acotado, de la
laguna personal, para volcarse en el ancho cauce
de un río que avanza y avanza reuniendo en sí la
vida y la historia del amplio territorio que
atraviesa y vivifica.

Para vivir en paz y en amistad debes reconocer al otro como prójimo

La única forma de reconstruir el lazo social para vivir en amistad y en paz es comenzar reconociendo al otro como prójimo, es decir, hacernos prójimos. ¿Qué significa esto? La ética fundamental, que (…) propone tomar al hombre siempre como fin, nunca como medio. Es decir: no se puede dar valor, reconocer al otro por lo que puede darme, por lo que puede servirme. Tampoco por su utilidad social ni por su productividad económica. Todo eso sería tomarlo como medio para otra cosa. Considerarlo siempre como fin es reconocer que todo ser humano, por ese solo hecho es mi semejante, mi prójimo. No mi competidor, mi enemigo, mi potencial agresor. Este reconocimiento debe darse como principio, como posición fundamental ante todo ser humano, y también en la práctica, como actitud y actividad.

> *Ayudar al que lo necesita no sólo es parte del deber, sino de la felicidad.*
>
> *José Martí*

Tú eres un ser en relación con otros

En la vida actual existe una tendencia cada vez más acentuada a exaltar al individuo. Es la primacía del individuo y sus derechos sobre la dimensión que mira al hombre como un ser en relación. Es la individualización de la referencia: es el reinado del "yo pienso", "yo opino", "yo creo", por encima de la realidad misma, de los parámetros morales, de las referencias normativas, sin hablar de preceptos de orden religioso.

Sé considerado y participativo con tus vecinos

Ser un pueblo: habitar juntos el espacio. Aquí tenemos, entonces, una primera vía por la cual relanzar nuestra respuesta al llamado: abrir los ojos a lo que nos rodea en el ámbito de lo cotidiano. A quienes nos rodean: recuperar la vecindad, el cuidado, el saludo. Romper el primer cerco del mortal egoísmo reconociendo que vivimos junto a otros, con otros, dignos de nuestra atención, de nuestra amabilidad, de nuestro afecto. No hay lazo social sin esta primera dimensión cotidiana, casi microscópica: el estar juntos en la vecindad, cruzándonos en distintos momentos del día, preocupándonos por lo que a todos nos afecta, socorriéndonos mutuamente en las pequeñas cosas de todos los días.

> *Descubrir la energía interior y entregarla para renovar el mundo; he aquí el altruismo.*
>
> *Rafael Barrett*

Busca el bien común

La solidaridad se traduce en la convivencia, el equilibrio de beneficios y sacrificios compartidos.

El altruismo protege la vida

Y éste es el camino para cuidar la vida, entregar la propia. El que tiene apego a su vida la perderá. El que no está apegado a su vida en este mundo la conservará para la vida eterna. El egoísmo nos lleva a apegarnos a nuestra propia vida, hasta tal punto de disimular la situación de peligro o de injusticia de otras vidas. (...) Pedir, orar, todo eso es morir a uno mismo, para que la vida crezca en los demás (…). Cuidar la vida de mi hermano, cuidar la vida de cualquier ser humano supone sacrificio, supone cruz, supone no cuidarme yo.

La clave es el Servicio.

El amor es Servicio, y todas las capacidades que tenemos cada uno de nosotros tienen que estar para servir.

Se puede aspirar a un mundo mejor

¿En qué actitud espiritual ha venido a desembocar esta civilización? (…), ¿no es acaso "desencanto"? (...). Los síntomas del desencanto son variados, pero quizá el más claro sea el de los *encantamientos a medida*: el encantamiento de la técnica que promete siempre cosas mejores, el encantamiento de una economía que ofrece posibilidades casi ilimitadas (…) a los que logran estar incluidos en el sistema, el encantamiento de las propuestas religiosas menores (...). El desencanto (...) propone esos pequeños encantamientos que hacen de "islas" frente a la falta de esperanza (…). De ahí que la única actitud humana para romper encantamientos y desencantos es situarnos ante las cosas últimas y preguntarnos: en esperanza, ¿vamos de bien en mejor o de mal en peor?.

Desarruga tu corazón

(Debemos) *desarrugarnos* el corazón que el egoísmo nos va achicando.

Lo imprescindible de los afectos

(...) el amor personal, "cara a cara", es absolutamente imprescindible para que los humanos seamos efectivamente humanos, para que la comunidad del pueblo sea eso y no un conglomerado de intereses personales. Pero será preciso también señalar sus límites y la necesidad de dar forma a algunos "brazos largos" del amor. Porque, si bien en la inmediatez del "cara a cara" está la mayor fortaleza del amor, con todo, no es suficiente. (...). En el "cara a cara", lo inmediato puede impedirnos ver lo importante. Puede agotarse en el aquí y en el ahora. En cambio, un amor realmente eficaz, una solidaridad "de fondo" (...) debe elaborar reflexivamente la relación entre situaciones evidentemente dolorosas e injustas y los discursos y prácticas que les dan origen o las reproducen; a fin de sumar al abrazo, la contención y la compañía, algunas soluciones eficaces que pongan freno a los padecimientos, o al menos los limiten.

> *Lo que somos se lo debemos al afecto. Los días de nuestra existencia ocurren gracias al cariño.*
>
> *Dalai Lama Tenzin Gyatso*

No te conformes con el "sálvese quien pueda"

En tiempos de globalización, posmodernidad y neoliberalismo, los vínculos que han conformado nuestras naciones tienden a aflojarse y a veces hasta a fracturarse, dando lugar a prácticas y mentalidades individualistas, al "sálvese quien pueda", a reducir la vida social a un mero toma y daca pragmático y egoísta. Como esto trae serias consecuencias, las cosas se hacen más y más complicadas, violentas y dolorosas a la hora de querer paliar esos efectos. Así se realimenta un círculo vicioso en el cual la degradación del lazo social genera más anomia, indiferencia y aislamiento.

Siempre me ha parecido que a un ser humano sólo lo puede salvar otro ser humano.

Heinz G. Konsalik

SER POSITIVO

En experiencias límite es fundamental la paciencia

En la experiencia del límite (...), en el diálogo con el límite, se fragua la paciencia. A veces la vida nos lleva, no a "hacer", sino a "padecer", soportando, sobrellevando (...) nuestras limitaciones y las de los demás. Transitar la paciencia (...) es hacerse cargo de que lo que madura es el tiempo. Transitar la paciencia es dejar que el tiempo paute y amase nuestras vidas.

Lo positivo de una crisis

La palabra crisis viene del griego y significa "zarandear". La criba, la zaranda, permite salvar lo que hay que salvar y descartar lo demás.

Un largo camino para ser vital y creativo

La vitalidad y creatividad de un pueblo, y de todo ser humano, sólo se da y se puede contemplar luego de un largo camino, acompañado de limitaciones, de intentos y fracasos, de crisis y reconstrucción.

> **"** *Sin crisis no hay desafíos, sin desafíos la vida es una rutina, una lenta agonía.* **"**
>
> *Albert Einstein*

> *La creatividad no consiste en una nueva manera, sino en una nueva visión.*
>
> *Edith Wharton*

Asume y resuelve tus conflictos

El conflicto hay que asumirlo, hay que vivirlo, pero hay diversas maneras de asumir el conflicto. (...). Ver el conflicto y dar la vuelta, obviarlo. (...). La segunda es meterse en el conflicto y quedar aprisionado. (...). La tercera es meterse en el conflicto, sufrir el conflicto, resolverlo y transformarlo en el eslabón de una cadena, en un proceso.

Reconocer tus límites te acerca a la grandeza

Nadie puede llegar a ser grande si no asume su pequeñez.

Apela a tu creatividad para vencer las dificultades

(...) el náufrago se enfrenta al desafío de sobrevivir con creatividad. O espera que lo vengan a rescatar o él mismo empieza su propio rescate. (...). (Se trata de) el desafío de asumir lo pasado, aunque ya no flote, y de utilizar las herramientas que ofrece el presente de cara al futuro.

Diferentes maneras para resolver un problema

A veces, las relaciones humanas pueden resolverse si hay gente que ayude a encontrar caminos, especie de creadores o buscadores de salidas; porque cuando uno está con el problema tiene adelante un monte y no ve nada. (...). Cuando tengo un problema con alguien, me ayuda una actitud que tenían los monjes egipcios (...). Ellos se acusaban a sí mismos para buscar un camino de solución; se ponían en el banquillo del reo para ver qué cosas no funcionaban dentro de ellos. Yo lo hago para ver qué cosas no funcionan dentro de mí. Esa actitud me da libertad, para, después, poder perdonarle la falla el otro. (...). La concordia de las personas, de los pueblos, se hace buscando caminos (…) ése es el modo de resolver enemistades.

No pierdas tiempo deseando otras vidas, acepta y ama la tuya

La vida es ésta y yo la recibo, decía Jesús. Como en el fútbol: los penaltis tienes que atajarlos donde te los tiran, no puedes elegir dónde te los van a chutar. La vida viene así y la tienes que recibir así, aunque no te guste.

IMAGINACIÓN

El valor de las utopías

No nos olvidemos que las utopías hacen crecer.

Esfuérzate por lo que anhelas

(...) es útil no confundir optimismo con esperanza. El optimismo es una actitud psicológica frente a la vida. La esperanza va más allá. Es el ancla que uno lanza al futuro y que le permite tirar de la soga para llegar a lo que anhela. Es esforzarse en buena dirección.

Los maravillosos frutos de la imaginación

Las utopías son frutos de la imaginación, la proyección hacia el futuro de una constelación de deseos y aspiraciones. La utopía toma su fuerza de dos elementos: por un lado, la disconformidad, la insatisfacción o el malestar que genera la realidad actual; por el otro, la inquebrantable convicción de que otro mundo es posible. De ahí su fuerza movilizadora. Lejos de ser un mero consuelo fantaseado, una alienación imaginaria, la utopía es una forma que la esperanza toma en una concreta situación histórica. La creencia de que el mundo es perfectible y de que la persona humana tiene recursos para alcanzar una vida más plena alimenta toda construcción utópica. Pero dicha creencia va de la mano con una búsqueda concreta de mediaciones para que ese ideal sea realizable.

Porque si bien el término "utopía" literalmente remite a algo que está "en ningún lugar", algo que no existe de un modo localizable, no por eso apunta a una completa alienación respecto de la realidad histórica. Por el contrario, se plantea como un desarrollo posible, aunque por el momento imaginado. Anotemos este punto: algo que no existe aún, algo nuevo, pero hacia lo cual hay que dirigirse a partir de lo que hay. De ese modo, todas las utopías incluyen una descripción de una sociedad ideal, pero también un análisis de los mecanismos o estrategias que la podrían hacer posible. Diríamos que es una proyección hacia el futuro que tiende a volver al presente buscando sus caminos de posibilidad, en este orden: primero, el ideal, delineado vívidamente, luego, ciertas mediaciones que hipotéticamente lo harían viable. (…). La utopía no es pura fantasía: también es crítica de la realidad y búsqueda de nuevos caminos.

" *El más terrible de todos los sentimientos es el sentimiento de tener la esperanza muerta.* **"**

Federico García Lorca

Libera tu imaginación: atrévete a soñar

Me gusta mucho una expresión de un autor americano que dice que Dios nos dio dos ojos, uno de carne y otro de vidrio. Con el ojo de carne vemos lo que miramos; con el ojo de vidrio vemos lo que soñamos. ¿Le enseñamos a nuestros chicos a ver la vida con estos dos ojos?

Vuela tan alto como puedas

(...) podemos hacernos esta pregunta (...): ¿Estoy en un juego de niños o tengo ansias de volar alto? ¿Estoy atado a un rebaño que va ciego haciendo lo que todo el mundo hace, buscando solamente la propia satisfacción, concentrado en mí mismo o miro más arriba para volar alto?

No temas, anímate a tener planes fabulosos

(...) los animo a no tener miedo a soñar, a tener ideales grandes (...), a ser constructores de esperanza.

> **" *No duermas para descansar, duerme para soñar. Porque los sueños están para cumplirse.* "**
>
> *Walt Disney*

RESPETO

Focaliza tus esfuerzos hacia los que más te necesitan

Como ven, la santidad, el ser santo, no es cosa de los tiempos de antes. También hay hoy hombres y mujeres que se ponen en situación de fragilidad para cuidar la fragilidad de otros y hacerla resurgir. Y más la fragilidad de la vida. En este momento, en que en todo el mundo, se ha puesto de moda, frente a la vida, esa actitud de descarte. Lo que molesta, lo que no sirve, se descarta. (...). Si hay un anciano que ya no sirve, afuera, es material descartable. Hoy día (...) pongámonos en situación de riesgo, hagámonos frágiles y, con nuestra fragilidad, cuidemos la fragilidad de la vida que se quiere descartar. (...). No podemos mirar para otro lado, (...), para no hacernos cargo de la fragilidad. (...). Y como gran familia, cuidemos la fragilidad de todos. (...). Y sobre todo, cuidemos la fragilidad de la vida (...). Cuidemos la fragilidad de esos hombres y mujeres que quieren tener un hijo y que tarda en venir. Cuidémoslo con la oración. Cuidemos la fragilidad de nuestros chicos, para que no les tuerzan la conciencia. Cuidemos la fragilidad de los ancianos, para que no los descarten. Son la sabiduría de nuestro pueblo. Cuidemos la fragilidad de nuestros enfermos, de nuestros necesitados, de aquellos que más están pasando momentos difíciles. (...). "Como una gran familia, cuidemos la fragilidad de todos".

Tres actitudes básicas en el desarrollo de la vida

Sin estas tres actitudes: *ternura, esperanza, paciencia*, no se puede respetar la vida y el crecimiento del niño por nacer. La *ternura* nos compromete, la *esperanza* nos lanza hacia el futuro, la *paciencia* acompaña nuestra espera en el cansino pasar de los días. Y las tres actitudes constituyen una suerte de engarce para esa vida que va creciendo día a día. Cuando estas actitudes no están, entonces el niño pasa a ser un "objeto", alejado de su padre y de su madre, y muchas veces "algo" que molesta, alguien intruso en la vida de los adultos, quienes pretenden vivir tranquilos, replegados sobre sí mismos en un egoísmo paralizante. (…). Hoy también la propuesta cultural a replegarse sobre sí mismo en una dimensión "egoísticamente" individualista se construye a costa de los derechos de las personas, de los niños. Éstos son rasgos del Herodes moderno.

La alegría de hacer bien está en sembrar, no en recoger.

Jacinto Benavente

Asiste a los niños y a los ancianos

El mensaje es: cuida la vida, sé astuto. Cuida la vida que es indefensa, que es pequeña y que va creciendo. Y, también, como una buena familia que somos, cuida la vida que se está yendo. (...). Cuando en una familia se olvidan de acariciar al anciano, ya anida la tristeza en el corazón. Cuando en una familia el corazón no se alegra con las mil y una travesuras que hacen los chicos y no cuidan a esos chicos, ya nació la tristeza en ese corazón.

Ser joven es...

Ser joven es animarse a mirar horizontes, no quedarse encerrado. Ser joven es madurar para la victoria, es decir, aprender a luchar, aprender a trabajar, aprender a mirar al mundo con ojos de grandeza. Ser joven significa tener grandeza. Y eso no es fácil, porque nuestra civilización, en todas partes del mundo, les ofrece a los jóvenes panoramas sin horizontes. Y de nuevo se las arreglan para que las propuestas que les hace el mundo a los jóvenes sean sin horizontes. (...). Fíjense como el mundo, esta civilización, quiere destruir los pilares de esperanza de un pueblo. El mundo que vivimos pretende destruir a los jóvenes, quiere destruir a los ancianos; ese es el espíritu del mundo.

> **El joven no es un huésped, ni un extraño, ni un descabellado... Es una nueva promesa, un nuevo amanecer... Un nuevo hallazgo.**
>
> *Zenaida Bacardi de Argamasilla*

Venera a los que te precedieron

Mirar a un anciano es reconocer que ese hombre hizo su camino de vida hacia mí. Cuando creemos que la historia empieza con nosotros, empezamos a no honrar al anciano. Con frecuencia, cuando estoy medio deprimido, uno de los textos a los que recurro es al capítulo 26 del Deuteronomio, para ver que soy un eslabón más, que hay que honrar a los que nos precedieron, y dejarse honrar por los que van a seguir, a quienes hay que transmitirles la herencia. Ésa es una de las acciones más fuertes de la ancianidad. El viejo sabe, consciente o inconscientemente, que debe dejar un testamento de vida. No lo explicita, pero lo vive así.

Cómo aconsejar a los jóvenes

¿Qué es anestesiar un joven? Quitarle los ideales, quitarle el horizonte, quitarle la grandeza. Quitarle ese camino de madurez hacia la victoria. Todos los jóvenes, buenos por vocación, deben madurar para vencer. No se dejen engañar, no se dejen robar la victoria, no se dejen anestesiar las ilusiones, no se dejen borrar los horizontes. Nuestros jóvenes son atacados por la seducción. La seducción de la cosa fácil, de la cosa que está a la mano. Como si les mostraran vidrios de colores diciendo: "esto es lo que vale", mientras les roban el oro de la riqueza del alma. No se dejen robar la riqueza del alma, la ilusión, la valentía, el ansia de victoria, la mirada hacia el horizonte. (…). Nosotros, los grandes, apelemos a la juventud del corazón, dejemos que desde la semilla de esas experiencias vividas surja ese mito de esa juventud escondida y así ayudemos a los jóvenes a caminar madurando hacia la victoria. Ayudemos a nuestros jóvenes, al lado de ellos, con cariño, con ternura, con compañía. Ayudándolos a crecer, dándoles esperanza, que no los anestesien, ni les roben las ilusiones.

> **"** *No hay jóvenes malos, sino jóvenes mal orientados.* **"**
>
> *San Juan Bosco*

COMPROMISO

Siembra la semilla del bien

Cuando sembramos la semilla del bien, no nos tenemos que preocupar de lo que va a pasar porque el Evangelio dice: "El que siembra la semilla en la tierra, sea que duerma o se levante, de noche o de día, la semilla germina sola y va creciendo". Es Dios el que da el crecimiento del bien, o sea, un acto bueno, como cuidar un enfermo, atender una persona triste o cualquier otra acción humana, es Dios el que las hace crecer y multiplicarse. En cambio, el que siembra cizaña, ya sabemos que lo que obtiene como resultado es la desunión, el odio, la fragmentación del barrio y la familia, del trabajo (...).

Cultiva tu capacidad de brindarte

Servicio, palabra venerada y manipulada a la vez; palabra que expresa una de las riquezas más originales del camino andado por la humanidad (...)... El servicio es la inclinación ante la necesidad del otro, a quien, al inclinarme, descubro, en su necesidad, como mi hermano. Es el rechazo de la indiferencia y del egoísmo utilitario. Es hacer por los otros y para los otros. Servicio, palabra que suscita el anhelo de un nuevo vínculo social (...). "Servicio", palabra grabada a fuego en lo hondo del corazón de nuestro pueblo. De esa "reserva espiritual" heredada de nuestros abuelos brotan nuestra dignidad, nuestra capacidad de trabajo duro y solidario, nuestra "serenidad aguantadora y esperanzada". Del servicio como valor central, surgen, si uno sabe remover en el rescoldo de nuestro corazón común (porque los pueblos tienen un corazón común) aquellas grandes actitudes que mantienen integrada a nuestra sociedad. Me pregunto si comprendemos hoy (...), que se nos ha dado una maravillosa oportunidad, un don (...): el de darnos y darnos por entero.

El servicio no es un mero compromiso ético, ni un voluntariado del ocio sobrante, ni un postulado utópico... Puesto que nuestra vida es un don, servir es ser fieles a lo que somos: se trata de esa íntima capacidad de dar lo que se es, de amar hasta el extremo de los propios límites... o, como nos enseñaba con su ejemplo la Madre Teresa, servir es "amar hasta que duela".

> *" Que nadie se haga ilusiones de que la simple ausencia de guerra, aun siendo tan deseada, sea sinónimo de una paz verdadera. No hay verdadera paz si no viene acompañada de equidad, verdad, justicia, y solidaridad. "*
>
> *Juan Pablo II*

La magnanimidad es la grandeza y elevación del ánimo

El magnánimo está siempre feliz. El pusilánime, el de corazón arrugado, nunca alcanza la felicidad.

Cuando tus lágrimas engrandecen tu alma

Felices son también los corazones que se "afligen". Los que lloran por el desgarro entre el deseo de esa plenitud y de esa paz que no se alcanzan y postergan, y un mundo que apuesta a la muerte. Felices los que por esto lloran, y llorando apuestan al amor, aunque se encuentren con el dolor de lo imposible o de la impotencia. Esas lágrimas transforman la espera en trabajo en favor de los que necesitan y en siembra para que cosechen las generaciones por venir. Esas lágrimas transforman la espera en solidaridad verdadera y compromiso con el futuro.

> **66** *Dormía..., dormía y soñaba que la vida no era más que alegría. Me desperté y vi que la vida no era más que servir... y el servir era alegría.* **99**
>
> *Rabindranath Tagore*

BONDAD

Saber reconocerse en el otro

Pero es justamente desde la experiencia de la fragilidad propia en donde se evidencia la fuerza de lo alto (…). Porque sólo aquel que se reconoce vulnerable es capaz de una acción solidaria. Pues, conmoverse ("moverse-con"), compadecerse ("padecer-con") de quien está caído al borde del camino, son actitudes de quien sabe reconocer en el otro su propia imagen, mezcla de tierra y tesoro y, por eso, no la rechaza. Al contrario, la ama, se acerca a ella y, sin buscarlo, "descubre que las heridas que cura en el hermano son ungüento para las propias". La compasión se convierte en comunión, en puente que acerca y estrecha lazos. Ni los salteadores ni quienes siguen de largo ante el caído tienen conciencia de su tesoro ni de su barro. Por eso, los primeros no valoran la vida del otro y se atreven a dejarlo casi muerto. Si no valoran la propia, ¿cómo podrán reconocer como un tesoro la de los demás? Los que siguen de largo, a su vez, valoran su vida, pero parcialmente; se atreven a mirar sólo una parte, (…), pero no se atreven a reconocerse arcilla, barro frágil. Por eso, el caído les da miedo y no saben reconocerlo, ¿cómo podrán reconocer el barro de los demás si no aceptan el propio?

Obra con benevolencia e integridad

Los criterios inmediatistas y eficientistas poco a poco han invadido nuestra cultura. El máximo rendimiento con el mínimo esfuerzo, la inmolación del esfuerzo, del tiempo, de valores profundos y hasta de afectos vitales en vistas a un objetivo de corta duración que se presenta como "plenificante" en lo social o económico. Nos (debemos proponer) un obrar "desde la bondad" que tiene su raíz en la fuerza del espíritu que se derrama dinámicamente como don de amor para todo nuestro vivir. No se trata solamente de hacer obras buenas, se trata de obrar con bondad.

" Buscamos la felicidad en los bienes externos, en las riquezas, y el consumismo es la forma actual del bien máximo. Pero la figura del "consumidor satisfecho" es ilusoria: el consumidor nunca está satisfecho, es insaciable y, por tanto, no feliz. "

José Luis Aranguren

La rectitud y la bondad te conducen a la ventura

Bienaventurados los jóvenes limpios de corazón
que se juegan por sus deseos nobles y altos, y no se
dejan arrastrar por la desilusión de las mentiras y la
absurda inmadurez de muchos adultos. Los que se
animan al compromiso más puro de un amor que
los arraigue en el tiempo, que los haga íntegros
por dentro, que los una en un proyecto. Los que
no se dejan atomizar por las ocurrencias, las ofertas
fáciles o el pasar el momento. Felices si se rebelan
por cambiar el mundo y dejan de dormir en la
inercia "del no vale la pena". La bienaventuranza
es una apuesta trabajosa, llena de renuncias, de
escucha y aprendizaje, de cosecha en el tiempo,
pero da una paz incomparable. Felices si seguimos
el ejemplo de los que se animan a vivir con
coherencia, aunque no sean mediáticos.

Sé apacible y benigno

Mansedumbre y padecer con mansedumbre.
Trabajar con mansedumbre. Sembrar con
mansedumbre, con humildad, como quien ofrece,
como quien se ofrece. No como quien impone;
no como quien lleva adelante proyectos que cree
que pueden ser ricos en sus efectos.

FUTURO

Reconoce en tus hijos su ser diferente

La transmisión generacional siempre tiene algo de
continuidad y algo de discontinuidad. El hijo es
parecido al padre pero distinto. No es lo mismo un
hijo que un clon: hay algo que se continúa de una
generación a otra, pero también hay algo nuevo,
algo que cambió.

Instruye con tu ejemplo

¡Lo que siembras con tu ejemplo es lo que vas a
cosechar de tus hijos! (...). Cuida a los chicos.
Enséñales a crecer bien para que sean retoños
llenos de vida, que den flor y fruto en la vida.

La familia como arquitecta de lazos de amor

Abramos el corazón de nuestra familia, cada uno
de la suya, sintiendo latir el corazón de sus padres
y hermanos, el de los esposos y el de los jóvenes,
el de los niños y los abuelos.

Una buena madre vale por cien maestros

¿Y que es para una mamá servir? Cuidarlos…
Educarlos… Ayudarlos a que crezcan… A que
sean hombres y mujeres de bien… Para ustedes
toda su vida es una vida de Servicio para sus hijos.
Una mujer es feliz y da felicidad a su hijo cuando
está al Servicio de su hijo o hija para que crezca
sano y fuerte.

Sobre la importancia de trascender

Pensar que tenemos que dejar una herencia es una dimensión antropológica y religiosa, sumamente seria, que habla de dignidad. Es decirse a sí mismo: no me encierro en mí, no me acorralo en mi vida, lo mío va a trascender al menos en mis hijos, a quienes dejaré una herencia. Y aunque no tenga hijos, la heredad existe. (…). El que vive sólo en el momento no se plantea el problema de la heredad, solamente importa la coyuntura, los años de vida que puede tener. La heredad, en cambio, se desarrolla en la peregrinación de la humanidad en el tiempo: el hombre recibe algo y tiene que dejar algo mejor.

> **"** *Si no quieres perderte en el olvido tan pronto como estés muerto y corrompido, escribe cosas dignas de leerse, o haz cosas dignas de escribirse.* **"**
>
> *Benjamin Franklin*

Ayuda a tus hijos a construir un futuro brillante

Muchas veces la coyuntura nos tapa, los problemas del momento nos desbordan (...). ¡Y educar para la esperanza es lograr que un chico, un joven tenga horizontes! Abrir horizontes, hacia delante y hacia atrás. (...) Lo que hemos recibido de nuestros padres, si hay educación para la esperanza, lo tenemos que transmitir, enriqueciendo, a nuestros hijos. (...) Educar en esperanza son esas tres cosas: memoria del patrimonio recibido y asumido; trabajo de ese patrimonio para que no sea el talento encerrado; y proyección a través de las utopías y los sueños hacia el futuro.

Acerca del rol vital de los padres

Un buen padre, al igual que una buena madre, es aquel que va interviniendo en la vida del hijo lo justo como para marcarle pautas de crecimiento, para ayudarlo, pero que después sabe ser espectador de los fracasos propios y ajenos, y los sobrelleva.

Adoctrinar con miedo forma seres inseguros

Antes era muy común recurrir al "hombre del saco". Hoy día le decís a un chico que viene el "hombre del saco" y se te mueren de risa en la cara. En nuestra infancia se nos hablaba de ello. El temor sólo es una exageración, un mal método de educación.

AMOR

Una palabra con afecto, un gesto tierno libera y da alivio
Porque la Palabra llena de amor, aunque sea en un gesto, libera. Libera del yugo que nos imponemos cuando nos proponemos lo imposible, nos castigamos con lo irrealizable, nos atosigamos hasta deprimirnos con nuestras ambiciones y necesidad de ser reconocidos, de resaltar, o con nuestra mendicidad de afecto: no es otra cosa que el acumular poder y riqueza.

El amor como afirmación de la existencia
La libertad no es un fin en sí mismo, un agujero negro detrás del cual no hay nada. Se ordena a la vida más plena del ser humano, de todo el hombre y todos los hombres. Se rige por el amor, como afirmación incondicional de la vida y el valor de todos y cada uno. En ese sentido, podemos dar todavía un paso más en nuestra reflexión: la madurez no sólo implica la capacidad de decidir libremente, de ser sujeto de las propias opciones en medio de las múltiples situaciones y configuraciones históricas en las que nos veamos incluidos, sino que incluye la afirmación plena del amor como vínculo entre los seres humanos. En las distintas formas en que ese vínculo se realiza: interpersonales, íntimas, sociales, políticas, intelectuales.

Aférrate a tus sentimientos más nobles

Sólo la mística simple del mandamiento del amor constante, humilde y sin pretensiones de vanidad pero con firmeza en sus convicciones y en su entrega a los demás podrá salvarnos.

Ama generosamente y sin condiciones

No hay fe verdadera que no se manifieste en el amor (…). Un amor decididamente generoso es un signo y una invitación a la fe.

La importancia de sentirse amado

A todos nos conmueve cuando alguien quiere estar con nosotros simplemente porque nos quiere.

> *Vivimos en el mundo cuando amamos. Solo una vida vivida para los demás merece la pena ser vivida.*
>
> *Albert Einstein*

Una actitud amorosa logra maravillas

La mirada del amor no discrimina ni relativiza porque es creativa. El amor gratuito es "fermento" que dinamiza todo lo bueno y lo mejora y transforma el mal en bien, los problemas en oportunidades.

El amor de Dios te alivia, suaviza y apacienta

Ese amor (el de Dios) alivia, suaviza, apacienta y, en él, la vida deja de ser una carga. La solidaridad fraternal que crea quita el agobio y ese peso desmedido con el que nuestra propia presunción y obstinación ahogan el alma. Dios nos hermana en Jesucristo, para que su amor cuidadoso, paciente, estimulante, nos libere de la ceguera y coraza del propio orgullo y vanidad, revelándonos que, en ese amor, una vida distinta es posible.

> **❝** *Venid a mí todos los que estáis rendidos y agobiados por el trabajo, que yo os daré descanso. Cargad con mi yugo y aprended de mí, porque soy manso y humilde de corazón, y hallaréis descanso para vosotros; porque mi yugo es llevadero y mi carga ligera.* **❞**
>
> *Mateo 11: 28-30*

> *No ser amado es una simple desventura. La verdadera desgracia es no saber amar.*

Albert Camus

Bríndate con cariño

La mirada de amor no discrimina ni relativiza porque es mirada de amistad. Y a los amigos se los acepta como son y se les dice la verdad.

Es también una mirada comunitaria. Lleva a "acompañar", a sumar, a ser uno más al lado de los otros ciudadanos. Esta mirada es la base de la amistad social, del respeto de las diferencias, no sólo económicas, sino también las ideológicas.

El amor te reconforta y resucita

Por más que se lo destruya, el poder del amor como servicio siempre resucita. Su fuente está más allá de toda indicación humana; es paternidad amorosa de Dios, fuente inalcanzable e incuestionable.

¿Tienen límites los sentimientos?

> Así es el amor: o se lo vive o no se lo conoce. ¿Y tiene límite? A esto respondía Teresa de Calcuta: "Amar hasta que duela".

Ama con todo tu ser

> Los que aman con todo su ser, aun llenos de debilidades y límites, son los que vuelan con ligereza, libres de influencias y presiones.

Da un vuelco al curso de tu vida: cambia resentimiento por amor

> El resentimiento es rencor. Y vivir con rencor es como beber agua servida, como alimentarse de las propias heces; supone que no se quiere salir del chiquero.

> **❝** *El amor no es el títere del tiempo; puede llegar a la eternidad, mar sin orillas.* **❞**
> *William Shakespeare*

SABIDURÍA

Solo tú puedes elegir tu camino

De la soledad de las decisiones no se salva nadie. Se puede pedir un consejo, pero, a la larga, es uno el que tiene que decidir.

¡Basta de postergaciones!

Hay momentos en la vida (pocos, pero esenciales) en que es preciso tomar decisiones críticas, totales e iniciáticas. Críticas, porque se ubican en el preciso límite entre la apuesta y la claudicación, la esperanza y el desastre, la vida y la muerte. Totales, porque no se refieren a algún aspecto particular, a un "asunto" o "desafío" optativo, a un sector determinado de la realidad, sino que definen una vida en su totalidad y por un largo tiempo. Es más: hacen a la más profunda identidad de cada uno. No sólo suceden en el tiempo, sino que le dan forma a nuestra temporalidad y a nuestra existencia. En ese sentido es que uso el tercer adjetivo, iniciáticas. Inician un modo de vivir, una forma de ser, de verse a uno mismo y de presentarse en el mundo y ante los semejantes, una determinada posición ante los futuros posibles.

Los momentos para la acción

Comprender, interpretar y discernir son momentos imprescindibles de todo actuar responsable y consistente, de todo camino en esperanza.

Para tomar un rumbo necesitas sabiduría

Sabio es el que no sólo sabe sobre las cosas, las contempla y las ama, sino que logra integrarse a ellas a través de la elección de un rumbo y de las múltiples opciones concretas y hasta cotidianas que la fidelidad le exige. (…). "Saber lo que vale la pena" y lo que no: un saber ético que, lejos de constreñir e inhibir las posibilidades humanas, las despliega y desarrolla máximamente. Un saber moral opuesto tanto a "inmoral" como a "desmoralizado". También saber "cómo hacerlo": un saber "práctico" no sólo en relación con los fines, sino con los medios disponibles para no quedarnos en las buenas intenciones.

¿Estás haciendo las elecciones correctas?

¿Dónde está nuestro corazón: en la certeza que nos ofrecen las cosas muertas, sin futuro, o en esa alegría en esperanza de quien es portador de una noticia de vida? ¿Corremos en pos de la Vida (…) o preferimos la coima existencial que nos asegura cualquier piedra que clausura y anula nuestro corazón? ¿Prefiero la tristeza o un simple contento paralizante, o me animo a transitar la alegría?

Decide con esperanza y sabiduría

La esperanza se presenta, en un primer momento, como la capacidad de sopesar todo y quedarse con lo mejor de cada cosa. De discernir. Pero ese discernimiento no es ciego o improvisado: se realiza sobre la base de una serie de presupuestos y en orden a unas orientaciones, de carácter ético y espiritual. Implica preguntarse qué es lo bueno, qué es lo que deseamos, hacia dónde queremos ir. Incluye un recurso a los valores, que se apoyan en una cosmovisión. En definitiva, la esperanza se anuda fuertemente con la fe. Así la esperanza ve más lejos, abre a nuevos horizontes, invita a otras honduras.

La esperanza sostiene sin ser vista muchas de las esperas humanas, (...). La esperanza necesita legitimarse con mediaciones eficaces que la acrediten; son encarnaciones que ya introducen y concretan —aunque no agotan— los valores más altos. Aunque también hay esperas vanas, que no son conducentes a una humanización plena, porque desconocen o atrofian su condición de ser pensante (y lo reducen al orden de la sensación o de la materia), niegan su condición personal que se realiza en el amar y ser amado, y cercenan su abertura al Absoluto (...).

Por eso, podríamos enunciar aquellos criterios que nos permitan discernir mejor, superando el divorcio entre el hacer y el creer. A la vez que impedirá dejarnos seducir por los ídolos siempre redivivos. Démosle prioridad: al amor sobre la razón, pero nunca de espaldas a la verdad; al ser sobre el tener; a la acción humana integral sobre la praxis transformadora que privilegia sólo la eficacia; a la actitud servicial sobre el hacer gratificante; a la vocación última sobre las motivaciones penúltimas.

Que tus conocimientos te lleven a ser mejor persona

Una persona que conoce más, que ha cultivado su capacidad de informarse, evaluar y reflexionar, de incorporar nuevas ideas y ponerlas en relación con las anteriores para producir nuevos sentidos, tiene en sus manos una herramienta invalorable no sólo para abrirse camino en lo que hace al trabajo y el "éxito" en la vida social; también posee elementos valiosísimos para desarrollarse como persona, para crecer en el sentido de "ser" mejor.

> *La ignorancia esclaviza, el conocimiento nos hace libres, la libertad nos hace felices, la felicidad nos hace tener éxito en la vida.*
>
> *Anónimo*

Cuando buscas el sentido a tu vida

Caminamos "de fe en fe", en búsqueda de la plenitud y del sentido para nuestra vida. Y este camino es verdadero cuando no queda entrampado en los ruidos alienantes de propuestas pasajeras o mentirosas. Somos parte del pueblo de Dios que, día a día, quiere dar un paso desde la tiniebla hacia la luz. Todos tenemos ganas de encontrarnos con esa luz, con esa gloria escondida, y tenemos ganas, pues, el mismo Dios que nos creó sembró ese deseo en nuestro corazón. Pero nuestro corazón, a veces, se pone duro, caprichoso o, peor aún, se hincha en crecida soberbia. Entonces ese deseo de ver la gloria de la luz queda ahogado y la vida corre el riesgo de pasar sin sentido, de ir agotándose en tinieblas.

Tú puedes ser líder

El liderazgo es un arte… que se puede aprender. Es también una ciencia… que se puede estudiar. Es un trabajo… exige dedicación, esfuerzo y tenacidad. (...). El verdadero liderazgo y la fuente de su autoridad es una experiencia fuertemente existencial. Todo líder, para llegar a ser un verdadero dirigente, ha de ser ante todo un testigo. Es la ejemplaridad de la vida personal y el testimonio de la coherencia existencial.

> **"** *No hay libro tan malo del que no se pueda aprender algo bueno.* **"**
>
> *Cayo Plinio (El Joven)*

De lo bueno y lo malo puedes extraer una enseñanza

(...) no se trata sólo y simplemente de acoger los factores positivos y constatar abiertamente los negativos. Se trata de someter los mismos factores positivos a un "cuidadoso discernimiento", para que no se aíslen el uno del otro ni estén en contraste entre sí, "absolutizándose y oponiéndose recíprocamente". Lo mismo puede decirse de los factores negativos: no hay que rechazarlos en bloque y sin distinción, porque en cada uno de ellos puede esconderse algún valor, que espera ser descubierto y llevado a su plena verdad.

Los beneficios de la sapiencia

El saber no sólo "no ocupa lugar", como decían nuestras abuelas, sino que "abre espacio", "multiplica lugar" para el desarrollo humano. (…). Pero la sabiduría no se agota en el conocimiento. "Saber" significa también "gustar". Se "saben" conocimientos... y también se "saben" sabores.

En qué consiste la sabiduría

Lo sabio es añejamiento de vida donde campea la prudencia, la capacidad de comprensión, el sentido de pertenencia. Lo ilustrado, en cambio, puede correr el riesgo de dejarse empapar de ideologías —no de ideas— de prejuicios. La impaciencia de las elites ilustradas no entiende el laborioso y cotidiano caminar de un pueblo, ni comprende el mensaje del sabio.

Despójate de lo superfluo

Despójate de toda pretensión. Despójate de toda ilusión efímera, ve a lo esencial, a lo que te promete vida, a lo que te da dignidad. Abájate, no le tengas miedo a la humildad, no le tengas miedo a la mansedumbre. Hoy se nos dice que cuanta más alta tienes la nariz más importante eres. No. Hoy se nos dice que cuanto más vanidoso aparezcas vas a tener más fuerza. No, no va por ahí la cosa. Hoy se nos dice que cuanto más grites y cuanto más te pelees, cuanta más discordia siembres te va a ir mejor. No, no es así. Abájate, usa la mansedumbre. Escucha, convive. Reconoce la dignidad tuya y de los demás. Ama y déjate amar.

**Reflexiona sobre tus errores pasados
para poder asumirlos**

Si no aprendemos a reconocer y asumir los errores y aciertos del pasado, que dieron origen a los bienes y males del presente, estaremos condenados a la eterna repetición de lo mismo (...): si cortamos la relación con el pasado, lo mismo haremos con el futuro.

Dudas existenciales

Si la ignorancia del hombre consistiera tan sólo en la impotencia para apreciar los fenómenos y sus condiciones, el naturalismo bastaría para disiparla gradualmente. Pero ni de la mente del cristiano, ni de la mente del ateo lógico, ni del espíritu de quien se eleva un ápice sobre el nivel en que (…) la animalidad pura y la barbarie se confunden casi indisolublemente, desaparecerá jamás (…) esta otra curiosidad: ¿qué soy yo?, ni esta otra: ¿de dónde vengo?, ni, por fin, este angustioso problema centro de las dulzuras de la fe y de las congojas punzantes de la incredulidad o de la duda: ¿a dónde voy?....

Si no quieres repetir el pasado, estúdialo.

Baruch Benedict Spinoza

Una vida que da frutos

"Dar frutos" es una metáfora que tomamos de la agricultura, es el modo en que lo nuevo se hace presente en el mundo de los seres vivientes. También podríamos usar la imagen del "engendrar": dar vida a un nuevo ser. Como sea, vegetal o animal, la idea apunta a un proceso interior en los sujetos. El fruto se forma a partir de la misma identidad del viviente, se alimenta de aquellas fuerzas que ya han pasado a formar parte de su ser, se enriquece con las múltiples identificaciones internas y es algo único, sorprendente, original. La naturaleza no da dos frutos exactamente iguales. Del mismo modo, un sujeto que "da frutos" es alguien que ha madurado su creatividad en un proceso de libertad, gestando algo nuevo a partir de la verdad recibida, aceptada y asimilada.

> *Sólo una cosa es más dolorosa que aprender de la experiencia, y es, no aprender de la experiencia.*
>
> *Laurence J. Peter*

> *No vayas fuera, vuelve a ti mismo.*
> *En el hombre interior habita la verdad.*
>
> *San Agustín*

Todo sirve para aprender y avanzar

En ciertas oportunidades, al encarar un problema, me equivoco, actúo mal y tengo que volver atrás y disculparme. Con todo, eso me hace bien, porque me ayuda a comprender las equivocaciones de los demás.

Explora tu interioridad

Lo fundamental que hay que decirle a todo hombre es que entre dentro de sí. La dispersión es un quiebro en el interior, nunca lo va a llevar a encontrarse con uno mismo, impide ese momento de mirar al espejo de su corazón.

Cómo puedes convertirte en un maestro

Maestro es quien ama y enseña la difícil tarea de amar todos los días, dando el ejemplo sí, pero también ayudando a crear dispositivos, estrategias, prácticas que permitan hacer de esa verdad básica una realidad posible y efectiva.

¿En qué consiste la madurez?

Si la madurez fuera solamente el desarrollo de algo precontenido en el código genético, realmente no habría mucho que hacer. El Diccionario de la Real Academia nos da un segundo significado de "madurez": "buen juicio o prudencia, sensatez". Y aquí nos ubicamos en un universo muy distinto al de la biología. Porque la prudencia, el buen juicio y la sensatez no dependen de factores de crecimiento meramente cuantitativo, sino de toda una cadena de elementos que se sintetizan en el interior de la persona. Para ser más exactos, en el centro de su libertad. Entonces, la madurez (…) podría entenderse como la capacidad de usar de nuestra libertad de un modo "sensato", "prudente".

Explota tus potencialidades

Algunos antagonismos rígidos terminan extremando tanto los claroscuros que "regalan" potencialidades a aquellas orientaciones que consideramos más negativas. Un compromiso real, decidido y responsable nos invita a dar un paso más en nuestro discernimiento y superar algunos clichés muy arraigados en nuestras comunidades.

ALEGRÍA

Busca el camino de la dicha

Estamos llamados a una vocación: construir la dicha, unos por los otros: es lo que nos llevaremos de este mundo.

Que tu corazón desborde de júbilo

Pidamos a Dios que nos deje el corazón desbordante de alegría. Esa alegría que es paz, que es mansedumbre, que es comprensión, que es tratar bien a los demás, que es oración, que es silencio, que es lectura pausada de la Escritura.

Vive con alegría

Cuando una persona o una sociedad sufren la disgregación y la desvalorización, seguro que en el fondo de su corazón les falta paz y alegría, más bien anida la tristeza. La desunión y el menosprecio son hijos de la tristeza. La tristeza es un mal propio del espíritu del mundo, y el remedio es la alegría.

> **❝** *El bien de la humanidad debe consistir en que cada uno goce al máximo de la felicidad que pueda, sin disminuir la felicidad de los demás.* **❞**
>
> *Aldous Huxley*

Enemigo íntimo: la pereza

El mal espíritu de la pereza avinagra con el mismo vinagre tanto a los embalsamadores del pasado como a los virtualistas del futuro. Es una y la misma pereza, y se discierne porque trata de robarnos "la alegría del presente": (...) la "alegría fraterna" del que goza compartiendo lo que tiene, la "alegría paciente" del servicio sencillo y oculto.

Revive momentos y circunstancias gratificantes

Si bien el crecimiento de la urbe y el ritmo de vida hacen perder en gran medida la fuerza de gravedad que el barrio tenía antaño, no dejan de tener vigencia muchos de sus elementos, aun en el remolino de la fragmentación. (...). Los personajes del barrio, los colores del club de fútbol, la plaza con sus transformaciones y con las historias de juego, de amor y de compañerismo que en ella tuvieron lugar, las esquinas y los lugares de encuentro, el recuerdo de los abuelos, los sonidos de la calle, la música y la textura de la luz en una fachada, en ese rincón, todo eso hace fuertemente al sentimiento de identidad. Identidad personal y compartida o, mejor dicho, personal en tanto compartida.

Una virtud que no se debe perder jamás

Cuando vayas subiendo, saluda a todos. Son los mismos que vas a encontrar cuando vayas bajando.

Actúa con educación y respeto

(...) (Hay) palabras que dice el que se (...) siente humilde. "Permiso", "Por favor", la "primera palabra". (...). Yo, ¿en mi vida, en mi actitud, pido por favor las cosas? ¿Pido con permiso las cosas?, ¿o soy un prepotente?, ¿un orgulloso? La "segunda palabra": "Gracias". ¿Vieron que hay gente que nunca agradece? Se creen los dueños de todo. No tienen gratitud en el alma. Y la gratitud es una flor que sólo prende en los corazones nobles. Y la "tercera palabra", que es tan difícil decir... "Perdón". Porque todos tenemos fallas, entonces, cuando descubrimos que hemos "metido la pata"... pedimos "Perdón". "PERMISO...POR FAVOR... GRACIAS... PERDÓN". Una persona que desde el corazón vive diciendo esas palabras, esa persona nunca se siente dueño de la vida, se siente un invitado. Permiso para entrar a la vida, para estar en la vida; gracias por el don de la vida; y perdón por las veces que no estuve a la altura de la vida.... Eso es vivir con humildad.

La falta de humildad te aleja de la gente

¿No es acaso la inseguridad veleidosa y mediocre lo que nos hace construir murallas ya sea de riqueza o poder o violencia e impunidad? Pues bien, la humildad de Jesús nos aligera, nos quita el yugo de nuestra vanidad e inseguridad, nos invita a confiar, a "compartir para incluir".

Los peligros de la vanidad y la veleidad

Ninguno de nosotros está libre de la veleidad (...), y tiene su castigo en la incapacidad para amar y recibir amor, escuchar al otro desde sí, hacerse cargo, "com-padecer", ser solidario, acompañar, llevar los límites y diferencias, aceptar los límites y roles. El veleidoso está solo. Aunque esté acompañado, aunque obligue a la reverencia y someta o quiera seducir o impactar con su actuación y discurso.

> **Cuando somos grandes en humildad, estamos más cerca de lo grande.**
>
> *Rabindranath Tagore*

> ❝ *La vanidad hace siempre traición a nuestra prudencia y aun a nuestro interés.* ❞
>
> *Jacinto Benavente*

Repudia la soberbia

La humildad revela, a la pequeñez humana autoconsciente, los potenciales que tiene en sí misma. En efecto, cuanto más conscientes de nuestros dones y límites, las dos cosas juntas, seremos más libres de la ceguera de la soberbia.

Descubre la hermosura que hay a tu alrededor

Sin la alegría de la belleza, la verdad se vuelve fría y hasta despiadada y soberbia (...). Sin la alegría de la belleza, el trabajo por el bien se convierte en algo "sombrío" (...).

¿Sueles preguntarte en qué consiste la belleza?

Porque es humana, a veces la belleza es trágica, sorprendente, conmovedora; en algunas oportunidades, nos empuja a pensar en lo que no queremos o nos muestra el error en el que estamos. Los artistas saben bien que la belleza no sólo es consoladora, sino que puede también ser inquietante. Los grandes genios han sabido presentar con belleza las realidades más trágicas y dolorosas de la condición humana.

Verdad, bien y encanto se dan la mano

También es bueno recordar en nuestros días que la verdad y el bien van siempre acompañados de la belleza. Pocas cosas hay más conmovedoramente humanas que la necesidad de belleza que tienen todos los corazones. La comunicación es más humana cuanto más bella. Es cierto que según las culturas se diversifica lo que se considera bello en las distintas comunidades humanas. Pero siguiendo las formas de cada cultura es universal la necesidad y el placer de la belleza. Algo grave e inhumano ocurre si en una comunidad se pierde el gusto por lo que es bello.

Embellece tu vida con pensamientos y con palabras. Trata tú mismo de descubrir cuáles han de ser los pensamientos que te embellezcan la vista y que, al convertirse en palabras, ofrezcan esta belleza a otros.

Noel Clarasó Daudí

Lo bello está en los lugares más sencillos

Hay una hermosura distinta en el trabajador que vuelve a su casa sucio y desarreglado, pero con la alegría de haber ganado el pan de sus hijos. Hay una belleza extraordinaria en la comunión de la familia junto a la mesa y el pan compartido con generosidad, aunque la mesa sea muy pobre. Hay hermosura en la esposa desarreglada y casi anciana que permanece cuidando a su esposo enfermo más allá de sus fuerzas y de su propia salud. (…). Hay hermosura, más allá de la apariencia o de la estética de moda en cada hombre y en cada mujer que viven con amor su vocación personal.

> *Sin saberlo, el hombre compone su vida de acuerdo a las leyes de la belleza, aún en momentos de más profunda desesperación.*
>
> *Milan Kundera*

TRABAJO

El trabajo debe dignificarte, no envilecerte

Se ha degenerado el sentido del trabajo porque el trabajo es lo que da dignidad. La dignidad la tenemos por el trabajo, porque nos ganamos el pan, y eso nos hace mantener la frente alta. Pero cuando el trabajo no es lo primero, sino que lo primero es la ganancia, la acumulación de dinero, ahí empieza una catarata descendente de degradación moral. (...). Cuando se revierte el verdadero fin del trabajo, en el centro del trabajo que es la persona empieza a crecer el afán de dinero insaciable, y a partir de ahí, todos los medios para terminar en la esclavitud.

"Y ganarás el pan con el sudor de tu frente"

Hay un pan que es de fiesta, un pan que es fruto y premio del trabajo, alegría de la mesa compartida. Pero el pan es también pan que se come de camino al trabajo y que da fuerza para la ardua tarea. (…). El pan que hace sentir ganas de trabajar y de luchar. El pan que se comparte de camino con los compañeros. Ese pan que uno come en medio del trabajo y ayuda a tirar hasta el fin de la jornada. (…). Es como el pan que se lleva en el bolso como prenda del cariño de la familia, es el calor del hogar que llega hasta nuestro lugar de trabajo, si lo tenemos, o a los lugares que recorremos para buscarlo.

Date tiempo para descansar

Junto con la cultura del trabajo se debe tener una cultura del ocio como gratificación. Dicho de otra manera: una persona que trabaja debe tomarse un tiempo para descansar, para estar en familia, para disfrutar, leer, escuchar música, practicar un deporte. Pero esto se está destruyendo, en buena medida, con la supresión del descanso dominical. Cada vez más gente trabaja los domingos como consecuencia de la competitividad que plantea la sociedad de consumo. En esos casos, nos vamos al otro extremo: el trabajo termina deshumanizando. Cuando el trabajo no da paso al sano ocio, al reparador reposo, entonces esclaviza, porque uno no trabaja ya por la dignidad, sino por la competencia.

Detente y planifica tus pasos

Necesitamos un análisis sereno, reflexivo, profundo, de dónde estamos y hacia dónde nos proponemos ir.

Haz una lista de todas las cosas buenas que lograste

Tenemos que partir del inventario de lo que tenemos, de lo que logramos, de la plataforma que construimos para dar unos pasos más y llevar adelante un proyecto que nos permita vivir con dignidad.

Busca motivaciones para tu vida

"Gracias a las estrellas soportamos la noche", dice un poeta. Son luces pequeñas, que se esconderán a la llegada del amanecer. Pero también puede haber un apego a la noche: el búho queda ciego durante el día, no por ausencia de luz, sino por incapacidad personal para verla.

Sé un buen sembrador

Una mirada de Sembrador que sea mirada "confiada", de largo aliento. El Sembrador no curiosea cada día el sembrado, él sabe que, sea que duerma o vele, la semilla crece por sí misma. Una mirada de Sembrador que sea mirada "esperanzada". El sembrador, cuando ve despuntar la cizaña en medio del trigo, no tiene reacciones quejosas ni alarmistas. Él se juega por la fecundidad de la semilla contra la tentación de apurar los tiempos. Una mirada del Sembrador que sea mirada "amorosa", de esas que saben cómo es la fecundidad gratuita de la caridad: si bien la semilla parece desperdiciarse en muchos terrenos, donde da fruto, lo da superabundantemente.

**Fija estrategias para ir paso a paso,
creciendo progresivamente**

> Proyectar es dar lugar a la utopía, es mirar al futuro,
> escribirlo, construirlo día a día con decisiones
> y acciones (...). El proyecto es nuestra intención y
> esperanza, es como buscar anticipar la historia.
> Requiere fijar estrategias con acuerdos sustanciales
> y plurales para ir paso a paso, creciendo
> progresivamente y, a la vez, sin negar las
> raigambres de nuestra identidad.

*"¿Cómo sobreviven los que no trabajan
sobre su oscuridad psíquica? ¿Puede
haber vida feliz sin ser leal a los ritmos de
la naturaleza interna? Un pájaro sin alas
pierde altura y cae, un pez sin agua se
seca, un niño sin jugar un día se enferma."*

Awankana

Construye, enfrenta desafíos, lucha contra la indolencia

Felices los que no juegan con el destino de otros, los que se animan a afrontar el desafío de construir sin exigir ser protagonistas de los resultados, porque no le tienen miedo al tiempo. Felices los que no se rinden a la indolencia de vivir el instante sin importar para qué o a costa de quiénes, sino que siempre cultivan a largo plazo lo noble, lo excelente, lo sabio, porque creen más allá de lo inmediato que viven y logran.

¿Cómo construyes tu libertad?

Apostamos a la libertad personal como última síntesis del modo humano de estar en el mundo, pero no una libertad indeterminada (¡inexistente!), sino abonada por experiencias de seguridad, de gozo, de amor dado y recibido.

> *Grande o pequeño, todo hombre es poeta si sabe ver el ideal, más allá de sus actos.*
>
> *Henrik J. Ibsen*

ETERNIDAD

Sal al encuentro con Dios

Dios ya vive en nuestra ciudad y nos urge —mientras reflexionamos— salir a su encuentro, para descubrirlo, para construir relaciones de cercanía, para acompañarlo en su crecimiento y encarnar el fermento de su Palabra en obras concretas. La mirada de fe crece cada vez que ponemos en práctica la Palabra. La contemplación mejora en medio de la acción. Actuar como buenos ciudadanos —en cualquier ciudad— mejora la fe.

Vive una "verdadera" experiencia religiosa

Para mí, toda experiencia religiosa, si no tiene esa dosis de estupor, de sorpresa, de que nos ganan de mano en el amor, en la misericordia, es fría, no nos involucra totalmente; es una experiencia distante que no nos lleva al plano trascendente.

Déjate colmar por "su" amor

(...) busca en tu corazón en qué punto estás en *outside*, en qué estás marginado y deja que Jesús te convoque desde esa carencia tuya, desde ese límite tuyo, desde ese egoísmo tuyo. Déjate acariciar por Dios, y vas a entender más lo que es la sencillez, la mansedumbre y la unidad.

Aspira a la eternidad

También nosotros amamos el progreso y la perfección, mas una perfección adecuada al hombre en la totalidad de su destino y de su índole moral. Es excelente la ciencia, y la aplaudo y la amo, porque es ley del hombre dominar la naturaleza; pero también es ley nuestra aspirar a fines suprasensibles e inmortales.

Sobre la adoración a los ídolos

La idolatría se nos filtra de mil maneras, los ídolos nos son ofrecidos a cada paso, pero el ídolo más peligroso somos nosotros mismos cuando queremos ocupar el lugar de Dios. Ese egoísmo sutil que nos convierte en única referencia de toda la existencia.

> *Trae el hombre reclusa en el alma una eternidad, y algo puede aprender el hombre en esta eternidad con respecto a la esencia de su alma misma.*
>
> *Thomas Carlyle*

Relaciónate con cariño y naturalidad

Sabemos que la verdad por la fuerza es contraria a la fuerza de la verdad. Sabemos también que no podemos adoptar los métodos compulsivos de la publicidad, que desplaza necesidades reales a satisfacciones ilusorias. ¿Y entonces? Hay un "camino estrecho" que transita por la búsqueda de la sabiduría; siempre convencidos de su capacidad de conmover y enamorar. Consiste en aprender a descubrir las preguntas del otro, a contemplarlas, a intuirlas (porque difícilmente los niños y jóvenes podrán expresarnos sus necesidades e interrogantes con claridad). Aunque el cansancio y la rutina a veces nos convierten en una especie de "parlante" que emite sonidos que a nadie le interesan, sabemos bien que sólo "llegan" y "quedan" las enseñanzas que respondan a una pregunta, a una admiración. Compartir las preguntas (¡aunque no tengamos las respuestas!) es ya ponernos todos, educadores y educandos, en un camino de búsqueda, de contemplatividad, de "esperanza".

"*Hablar es de necios y escuchar de sabios.*"

Carlos Ruiz Zafón

Para dialogar, derriba la coraza que pones a tu alrededor

El diálogo nace de una actitud de respeto hacia otra persona, de un convencimiento de que el otro tiene algo bueno que decir; supone hacer lugar en nuestro corazón, a su punto de vista, a su opinión y a su propuesta. Dialogar entraña una acogida cordial y no una condena previa. Para dialogar hay que saber bajar las defensas, abrir las puertas de casa y ofrecer calidez humana. Son muchas las barreras que en lo cotidiano impiden el diálogo: la desinformación, el chisme, el prejuicio, la difamación, la calumnia. Todas estas realidades conforman cierto amarillismo cultural que ahoga toda apertura hacia los demás. Y así se traban el diálogo y el encuentro.

Busca la mejor forma para comunicarte

Comunicar es mucho más que distribuir noticias. Es la acción de poner algo en común; la comunicación humana entraña establecer vínculos entre las personas. (…). No es suficiente decir que la comunicación es humana cuando se establece entre seres humanos. Fácilmente podemos observar que hay un tipo de comunicación que hace al hombre más plenamente hombre y otras formas que van limitando su capacidad de actuar, sentir y pensar con libertad, con alegría, con creatividad. La comunicación es más humana cuanto más ayuda a los hombres a ser más plenamente humanos.

Escuchar es todo un arte

Tener escucha es una gracia muy grande (…) para
nuestro pueblo, para todos nosotros: es importante
que nos sepamos escuchar. Porque, para ayudar a
alguien, primero hay que escucharlo. Escuchar qué
le pasa, qué necesita. Dejarlo hablar y que él
mismo nos explique lo que desea. No basta con
ver. A veces, las apariencias engañan.

Coherencia entre lo que se dice y se hace

Sabemos que en todo acto de comunicación hay
un mensaje explícito, algo que se enuncia, pero
que ese mensaje puede ser bloqueado, matizado,
desfigurado y hasta desmentido por la actitud con
que se transmite. Hay todo un aspecto de la
comunicación, "no explícita" y "no verbal", que
tiene que ver con los gestos, la relación que se
instaura y el despliegue de las diversas dimensiones
humanas en general. Todo lo que hacemos
comunica. En la medida en que evitemos los
dobles mensajes, en la medida en que creamos y
tratemos de vivir con todo nuestro ser lo que
estamos transmitiendo, en esa medida habremos
contribuido a devolver la credibilidad en la
comunicación humana.

Por supuesto que este ideal comunicacional será
una y otra vez obstaculizado por el misterio del
pecado y la labilidad humana. ¿Quién puede

presumir de tener la absoluta coherencia, el
absoluto control de sus miserias, sus dualidades, sus
autoengaños, sus egoísmos reprimidos, sus
intereses inconfesables? Sabemos que no todo se
logra con buenas intenciones o con propósitos
"moralizantes" y tampoco con rigideces
normativas. Pero del mismo modo somos
conscientes de que no todo es disculpable y
aceptable sin más, ya que tenemos una
responsabilidad delante de otras personas y frente a
quien puso la vida en nuestras manos. ¿Y
entonces? La clave para ganar en coherencia sin
fingir una perfección imposible, será caminar en
humildad dispuestos al discernimiento, personal y
comunitario, evitando el juicio condenatorio del
otro; abiertos tanto a la corrección fraterna, como
al perdón y a la reconciliación. Reconocer juntos
que somos peregrinos, mujeres y hombres débiles
y pecadores pero con memoria y en búsqueda de
un amor más pleno, que nos sane y nos levante.
Ésa puede ser una forma de trocar la
discontinuidad por la disposición al acercamiento,
a hacernos próximos en medio de las diferencias.

No te aísles, aprende a escuchar y a empatizar

Cuando uno recupera la alteridad en el encuentro, empieza a dialogar, y dialogar supone no solo oír, sino escuchar. Recuperar esa capacidad de escucha. El otro, aunque ideológicamente, políticamente o socialmente esté en la vereda de enfrente, siempre tiene algo bueno que dar y yo algo bueno que darle. En ese encuentro que saco cosas buenas, se construye una síntesis creativa y fecunda. El diálogo es fundamentalmente fecundidad. Los monólogos se pierden. (…). El autismo del sentimiento que me lleva a concebir las cosas dentro de una burbuja, por eso, es fundamental recuperar la alteridad y el diálogo. (…). El diálogo es, en este momento, el instrumento privilegiado para romper todo aquello que nos abroquela; para romper las ideologías clausuradas y para abrir horizontes a través de la pequeña trascendencia que supone escuchar al otro y que el otro nos escuche. Dialogar es trascender la coyuntura hacia la historia, dialogar es poner cimientos de historia para el futuro; dialogar es tener capacidad de dejar herencia; dialogar, en última instancia, es imitar a Dios a que abrió su diálogo con nosotros enseñándonos el camino de la convivencia. En el diálogo recuperamos la memoria de nuestros padres, el legado recibido, no para guardarlo en

> *Escuchar es más importante que hablar. Si esto no fuera cierto, no nos hubieran dado dos oídos y una boca. Demasiadas personas piensan con su boca en vez de escuchar para absorber nuevas ideas y posibilidades. Discuten, en lugar de preguntar.*
>
> *Robert Kiyosaki*

conserva; recibimos un legado para que crezca con nosotros, pero recuperamos esa memoria. Por el diálogo nos comprometemos con los desafíos del presente, juntos, haciendo que esa memoria se encarne en las realidades del presente y dé una respuesta a todo desafío del presente. Por el diálogo nos animamos porque ya no soy yo, somos muchos; cuando dialogamos, se da el coraje de lanzar esa herencia comprometida con el presente hacía las utopías del futuro y cumplir con nuestro deber de hacer crecer la herencia recibida a través de compromisos fecundos en utopías futuras.

El diálogo te brinda asombrosas posibilidades

Un diálogo es mucho más que la comunicación de una verdad. El diálogo se realiza por el gusto de hablar y por el bien concreto que se comunica entre los que se aman por medio de las palabras. Un bien que no consiste en cosas, sino en las personas mismas que se dan mutuamente en el diálogo.

Presta atención y trata de comprender

"Saber escuchar es una gracia muy grande. (…). Escuchar no es oír, simplemente. Escuchar es atender, querer entender, valorar, respetar, salvar la proposición ajena… Hay que poner los medios para escuchar bien, para que todos puedan hablar, para que se tenga en cuenta lo que cada uno quiere decir".

❝La socialización sólo se presenta cuando la coexistencia aislada de los individuos adopta formas determinantes de cooperación y colaboración que caen bajo el concepto general de la acción recíproca.❞

George Simmel

EMOCIÓN

Jamás te dejes arrastrar por el odio y el rencor

Que nadie sea despreciado. Que no crezca el odio entre nosotros. Que el rencor, ese yuyo amargo que mata, no eche raíces en nuestro corazón.

Que no te domine la impaciencia

Nuestro mundo se caracteriza por la "impaciencia del tener". Las cosas tecnológicas "impacientan", el dinero "impacienta", las estadísticas "impacientan". (...). La impaciencia del mundo endurece el rostro y agria el corazón.

No intentes arreglarlo todo y abruptamente

¡Cuántas veces en la vida conviene frenarse, no querer arreglarlo todo de golpe! Transitar la paciencia supone todas esas cosas; es un claudicar de la pretensión de querer solucionarlo todo. Hay que hacer un esfuerzo, pero entiendo que uno no lo puede todo. Hay que relativizar un poco la mística de la eficacia.

> ❝*Sólo por hoy trataré de vivir exclusivamente el día, sin querer resolver el problema de mi vida todo de una vez.*❞
>
> *Juan XXIII*

Devuelve ternura en lugar de ferocidad

La ceguera del alma nos impide ser libres. (…) Muchos de los que anhelaban la libertad, al levantar sus piedras intolerantes, demostraban la misma crueldad que el imperio invasor. Querían librarse del enemigo de afuera sin aceptar al enemigo interior. Y sabemos que copiar el odio y la violencia del tirano y del asesino es la mejor manera de ser su heredero.

Esos cautiverios que te limitan y alejan de la fraternidad

Si la presencia de ejércitos externos fuera evidente, lo sería también la necesidad de libertad. Pero cuando la cautividad proviene de nuestras sangrantes heridas y luchas internas, de la ambición compulsiva, de las componendas de poder que absorben las instituciones, entonces ya estamos cautivos de nosotros mismos. Una cautividad que se expresa (…) en la dinámica de la exclusión. No sólo la exclusión que se hace a través de las estructuras injustas, sino también las que potenciamos nosotros, esa otra forma de exclusión por medio de actitudes: indiferencia, intolerancia, individualismo exacerbado, sectarismo.

La intolerancia es una coraza para el autoconocimiento
Todos ilusionamos una fuerza profética y mesiánica que nos libere, pero cuando el trayecto de la verdadera libertad comienza por la aceptación de nuestras pequeñeces y de nuestras dolorosas verdades, nos tapamos los ojos y llenamos nuestras manos con piedras intolerantes. Somos prontos para la intolerancia. Nos hallamos estancados en nuestros discursos y contradiscursos, dispuestos a acusar a los otros, antes que a revisar lo propio.

"Tienes que tener cuidado del orgullo: no te creas mejor que nadie, porque el orgullo es una raíz mala que se mete en el corazón."

El verdadero combate empieza cuando uno debe luchar contra una parte de sí mismo. Pero uno sólo se convierte en un hombre cuando supera estos combates.

André Malraux

SUPERACIÓN

Saberse acompañado te aleja del dolor

(...) porque tanto el dolor físico como espiritual tiran para adentro, donde nadie puede ingresar; comportan una dosis de soledad. Lo que la gente necesita es saber que alguien la acompaña, la quiere, que respeta su silencio y reza para que Dios entre en ese espacio que es pura soledad.

Una nueva oportunidad para ti

Puede hacérsenos consciente nuestra dificultad para vivir con altura espiritual: sentir el peso del tiempo malgastado, de las oportunidades perdidas, y surgirnos dentro un rechazo a esa impotencia de llevar adelante nuestro destino, encerrados en nuestras propias contradicciones. Ciertamente, es habitual que, frente a la impotencia y los límites, nos inclinemos a la fácil respuesta de delegar en otros toda la representatividad e interés por nosotros mismos. Como si el bien común fuera una ciencia ajena, como si la política, a su vez, no fuera una alta y delicada forma de ejercer la justicia y la caridad. Escasez de miras para ver el paso de Dios entre nosotros, para sentirnos gratificados y dignos de tantos dones, y no tener escrúpulos en hacerlos valer sin renunciar a nuestra histórica vocación de apertura no invasiva a otros pueblos hermanos. (…).

Sin embargo, sucede el milagro (…). Porque del

dolor y de los límites propios es de donde mejor se aprende a crecer y de nuestros mismos males es desde donde nos surge una honda pregunta: ¿Hemos vivido suficiente dolor para decidirnos a romper viejos esquemas, renunciar a actitudes necias tan arraigadas y dar rienda suelta a nuestras verdaderas potencialidades? ¿No estamos ante la oportunidad histórica de revisar antiguos y arraigados males que nunca terminamos de plantear y trabajar juntos? ¿Hace falta que más sangre corra al río, para que nuestro orgullo herido y fracasado reconozca su derrota?

> *Decidí ver cada desierto como la oportunidad de encontrar un oasis, decidí ver cada noche como un misterio a resolver, decidí ver cada día como una nueva oportunidad de ser feliz.*
>
> *Walt Disney*

El miedo te conduce al error

A todos nos ha sucedido alguna vez, como personas y como pueblo, encontrarnos detenidos en el camino, sin saber qué pasos dar. En esos momentos, parece que las fronteras de la vida se cierran, dudamos de las promesas y un positivismo craso se levanta como clave interpretativa de la situación. Entonces señorea en nuestra conciencia el desconcierto y el temor; la realidad se nos impone clausurada, sin esperanza y tenemos ganas de volver sobre nuestros pasos hacia la misma esclavitud de la que habíamos salido (…) En estas situaciones (…) la respuesta llega: "No teman" (Ex. 14:13) (...).

Dios te da fuerzas para vencer cualquier obstáculo

Nuestro Dios, el mismo que sembró sus ilusiones en nosotros, el mismo que no se concede decepcionarse de su obra, es nuestra esperanza. (…) Quisiera decirles hoy: "No tengan miedo". No le tengan miedo a nadie. Dejen que vengan las lluvias, los terremotos, los vientos, la corrupción, las persecuciones al "resto" de los justos (…). No tengan miedo siempre que nuestra casa esté cimentada sobre la roca de esta convicción: el Padre aguarda, tiene paciencia, nos ama.

> *No basta con pensar en la muerte, sino que se debe tenerla siempre delante. Entonces la vida se hace más solemne, más importante, más fecunda y alegre.*
>
> *Stefan Zweig*

No te atemorices ante la muerte

Las manos de Dios son manos de Padre, manos de misericordia. Y cuando nos visita el acontecimiento de la muerte, cuando se instala en nuestra vida diaria, en nuestra familia, en nuestro corazón, se nos invita sabiamente a pensar en esas manos. (...). Morir es precisamente arrojarse en esas manos. Es un empezar de nuevo... (...), porque esas manos nos acompañaron toda la vida, aunque, a veces, no nos hemos dado cuenta, pero es la revelación de esas manos que iban acompañando, que nunca nos dejaron, las que ahora nos reciben. Eso es la muerte.

Haz frente al dolor con entereza
El dolor no es una virtud en sí misma, pero sí
puede ser virtuoso el modo en que se lo asume.

En los momentos más duros
surgen emociones inesperadas
El momento de una tragedia hace brotar lo que
hay en el corazón de los hombres.

Esos momentos que sacuden tu existencia
(...) suele suceder que sobrevienen momentos tan
fuertes que, como un *shock*, nos sacan del
acostumbramiento malsano y nos ponen en la
brecha de la realidad que siempre nos desafía a un
poco más: por ejemplo, cuando perdimos a alguien
muy querido, solemos valorar y agradecer lo que
tenemos y que, hasta un momento antes, no lo
habíamos valorado lo suficiente.

Siempre hay alguien que piensa en ti
Es propio de Jesús esa actitud de mirar a aquellos
que están en los extremos en los momentos más
duros de la existencia, al borde del camino de la
existencia y llamarlos. Y los ayuda, los cura, los
consuela, los fortalece, los hace discípulos suyos.

AMISTAD

Trata bien a los demás, si deseas ser tratado con respeto
Cuando tengas ganas de apalear a otro con la
lengua o cuando tengas malos pensamientos,
acuérdate que ese otro es frágil, está herido y que
tú puedes estar en su lugar. Por eso, trátalo como
quisieras que te trataran a ti.

Diálogo, respeto y amor para una convivencia armoniosa
Un verdadero crecimiento en la conciencia de la
humanidad no puede fundarse en otra cosa que en
la práctica del diálogo y el amor. Diálogo y amor
suponen en el reconocimiento del otro como otro,
la aceptación de la diversidad. Sólo así puede
fundarse el valor de la comunidad: no
pretendiendo que el otro se subordine a mis
criterios y prioridades, no "absorbiendo" al otro,
sino reconociendo como valioso lo que el otro es,
y celebrando esa diversidad que nos enriquece a
todos. Lo contrario es mero narcisismo, mero
imperialismo, mera necedad.
Esto también debe leerse en la dirección inversa:
¿cómo puedo dialogar, cómo puedo amar, cómo
puedo construir algo en común si dejo diluirse,
perderse, desaparecer lo que hubiera sido mi
aporte?

Ser manso, no es signo de debilidad, sino de fortaleza

Es bueno recordar que no es manso el cobarde e indolente sino aquel que no necesita imponer su idea, seducir o ilusionar con mentiras, porque confía en la atracción —a la larga irresistible— de la nobleza. (...). La intemperancia y la violencia, en cambio, son inmediatistas, coyunturales, porque nacen de la inseguridad de sí mismo. Feliz por eso el manso, el que se mantiene fiel a la verdad y reconoce las contradicciones y las ambigüedades, los dolores y fracasos, no para vivir de ellos, sino para sacar provecho de fortaleza y constancia.

No atropelles, sé respetuoso

La persona que no sabe pedir permiso atropella, va adelante con lo suyo sin importarle los demás, como si los otros no existieran. En cambio, el que pide permiso es más humilde, más sociable, más integrador.

Cuidado, responsabilidad, respeto y conocimiento son mutuamente interdependientes.

Erich Fromm

Fortalece tus vínculos

Me permito abrir una propuesta: necesitamos generar una cultura del encuentro.

Ante la cultura del fragmento, como algunos la han querido llamar, o de la no integración, se nos exige aún más en los tiempos difíciles, no favorecer a quienes pretenden capitalizar el resentimiento, el olvido de nuestra historia compartida, o se regodean en debilitar vínculos. Con "realismo encarnado". Nunca dejemos de inspirarnos en los rostros sufrientes, desprotegidos y angustiados para estimularnos y comprometernos a investigar, estudiar, trabajar y crear más. El hombre, la mujer, ellos deben ser el centro de nuestros cometidos.

El hombre de carne y hueso, con una pertenencia histórica concreta, la complejidad de lo humano, con sus tensiones y limitaciones, no son respetados ni tenidos en cuenta. Pero es él quien debe estar en el centro de nuestros desvelos y reflexiones.

La realidad humana del límite, de la ley y las normas concretas y objetivas, la siempre necesaria y siempre imperfecta autoridad, el compromiso con la realidad son dificultades insalvables para esta mentalidad antes descripta.

Escapemos de las realidades virtuales y, además, del culto a la apariencia.

No se puede educar desencajados de la memoria.

> *Si quieres ser respetado por los demás, lo mejor es respetarte a ti mismo. Sólo por eso, sólo por el propio respeto que te tengas, inspirarás a los otros a respetarte.*
>
> *Fiodor Dostoievski*

La memoria es potencia unitiva e integradora. Así como el entendimiento librado a sus propias fuerzas desbarranca, la memoria viene a ser el núcleo vital de una familia o de un pueblo. Una familia sin memoria no merece el nombre de tal. Una familia que no respeta y atiende a sus abuelos, que son su memoria viva, es una familia desintegrada; pero una familia y un pueblo que se recuerdan son una familia y un pueblo de porvenir.

Haz prevalecer la paz y la dignidad

Mantenerse en paz y mantener la paz en medio de las situaciones tensas y problemáticas de la vida significa apostar a las personas por encima de las situaciones y las cosas. Sólo quien reconoce la infinita dignidad del otro es capaz de dar la vida en vez de quitarla.

No subestimes el valor de la amistad

La amistad, incluso la amistad social, con su "brazo largo" de la justicia, constituye el mayor tesoro, aquel bien que no se puede sacrificar por ningún otro, lo que hay que cuidar por sobre todas las cosas.

> *Si sientes que todo perdió su sentido, siempre habrá un "te quiero", siempre habrá un amigo.*
>
> *Ralph Waldo Emerson*

Cómo dialogar con tus amigos

La palabra que nos comunica y vincula, haciéndonos compartir ideas y sentimientos, siempre y cuando hablemos con la verdad. Siempre. Sin excepciones (en eso se basa la amistad).

La amistad, incluso la amistad social, (...) constituye el mayor tesoro, aquel bien que no se puede sacrificar a ningún otro. Lo que hay que cuidar por sobre todas las cosas. (...) "No hay amor más grande que dar la vida por los amigos (Jn 15: 13-15).

Un acercamiento verdadero requiere amor y entendimiento

Porque amar es muchísimo más que sentir de vez en cuando una ternura o una emoción. ¡Es todo un desafío a la creatividad! Una vez más, se tratará de invertir el razonamiento habitual. Primero, se trata de hacerse prójimo, de decirnos a nosotros mismos que el otro es siempre digno de nuestro amor. Y después habrá que ver cómo, por qué caminos, con qué energías. Encontrar la forma (distinta cada vez, seguramente) de buscarle la vuelta a los defectos, limitaciones y hasta maldades del otro (…), para poder desarrollar un amor que sea, en concreto, aceptación, reconocimiento, promoción, servicio y don.

Toda reconciliación implica una renuncia

Para alcanzar una reconciliación hay que renunciar a algo. Todos tienen que hacerlo. Pero cuidado, a algo que no afecte la esencia de la justicia.

Aprende a perdonar

El perdón significa que lo que me hiciste no me lo cobro, que está pasado al balance de las ganancias y de las pérdidas. Quizá no me voy a olvidar, pero no me lo voy a cobrar. O sea, no alimento el rencor.

> 66 *Para qué sirve el arrepentimiento, si eso no borra nada de lo que ha pasado. El arrepentimiento mejor es sencillamente cambiar.* 99
>
> *José Saramago*

DESAFÍOS

Reconoce y enmienda lo que hiciste mal

Tengo que estar dispuesto a otorgar el perdón, y sólo se hace efectivo cuando el destinatario lo puede recibir. Y lo puede recibir, cuando está arrepentido y quiere reparar lo que hizo. De lo contrario, el perdonado queda —dicho en términos futbolísticos— *off side*.

Aléjate del pensamiento del mediocre

No reconocer las virtudes y grandezas de los otros (…) es una estrategia común de la mediocridad cultural de nuestros tiempos. (…). La difamación y el chisme, la transgresión con mucha propaganda, el negar los límites, bastardear o eliminar las instituciones son parte de una larga lista de estratagemas con las que la mediocridad se encubre y protege, dispuesta a desbarrancar ciegamente todo lo que la amenace. (…). Y si una palabra sabia asoma, es decir, si alguien que encarna el desafío de la sublimidad, aun a costa de no poder cumplir muchos de nuestros anhelos, entonces nuestra mediocridad no para hasta despeñarlo.

> *Somos lo que hacemos día a día.*
> *De modo que la excelencia no*
> *es un acto, sino un hábito.*
>
> *Aristóteles*

Tú puedes diseñar tu destino

Una sociedad que tiende a convertir el hombre en una marioneta de la producción y el consumo siempre opta por los resultados. Necesita control, no puede dar lugar a la novedad sin comprometer seriamente sus fines y sin aumentar el grado de conflicto ya existente. Prefiere que el otro sea completamente previsible a fin de adquirir el máximo de provecho con el mínimo de gasto.

Definir la excelencia

El Diccionario de la Real Academia define "excelencia" como "superior calidad o bondad que hace digno de singular aprecio y estimación algo". Yendo más allá, sabemos que, en la antigua Grecia, la excelencia era un concepto muy cercano a la virtud: la perfección en algún orden socialmente valorado. No sólo el "aprecio", sino aquello que lo merece: la superior capacidad que se pone de manifiesto en la calidad de la acción.

Con la verdad, llegas más lejos

Quien ama y busca la verdad no permite que se la convierta en mercancía y no deja que se la tergiverse o se la oculte. Además, quien realmente se interesa por la verdad está siempre atento a las reacciones de quienes reciben la información, procura el diálogo, el punto de vista diferente. El que busca la verdad es humilde; sabe que es difícil hallarla y sabe también que es más difícil encontrarla cuando uno la busca en soledad. La verdad se encuentra con otros. La verdad se anuncia con otros. Así como falsificar la verdad nos aísla, nos separa, nos enfrenta; buscarla nos une, nos acerca, nos aproxima; y encontrarla nos llena de alegría y nos hermana.

La verdad te eleva

La verdad es un don que nos queda grande y, justamente por eso, nos agranda, nos amplifica, nos eleva. Y nos hace servidores de tal don. Lo cual no entraña relativismos, sino que la verdad nos obliga a un continuo camino de profundización en su comprensión.

La verdad te aleja de la tiranía y la opresión

La opresión más sutil es entonces la opresión
de la mentira y del ocultamiento, eso sí, a base de
mucha información, información opaca y, por tal,
equívoca. Curiosamente, tenemos más
información que nunca y, sin embargo, no
sabemos qué pasa. Cercenada, deformada,
reinterpretada, la sobreabundante información
global empacha el alma con datos e imágenes,
pero no hay profundidad en el saber. Confunde el
realismo con el morbo manipulador, invasivo, para
el que nadie está preparado pero que, en la
paralizante perplejidad, obtiene réditos de
propaganda. Deja imágenes descarnadas, sin
esperanza.

No te ciegues

Tantas veces parecemos cegados y vivimos de
encandilamientos efímeros que nublan y opacan...
Es como capricho del que no quiere saber nada
con el resplandor que brota del silencioso pensar y
hacer balance de nuestros aciertos y yerros. No
buscamos la luz mansa que brota de la verdad, no
apostamos a la espera laboriosa, que cuida el aceite
y mantiene la lámpara encendida. El fruto vano de
la ceguera es la falsa ilusión.

La franqueza te impulsa hacia el bien

Cuando lo que se busca es la verdad, entonces también necesariamente se buscará el bien. La verdad y el bien se potencian entre sí. Cuando realmente se busca la verdad, se lo hace para el bien. No se busca la verdad para dividir, enfrentar, agredir, descalificar, desintegrar. (…). Hasta en las situaciones más conflictivas y dolorosas hay un bien para rescatar. La verdad es bondadosa y nos impulsa hacia el bien. (…). Es tal la unión que existe entre verdad y bien que podemos afirmar que una verdad no bondadosa es, en el fondo, una bondad no verdadera.

La verdad no puede apartarse de la naturaleza humana. Si lo que consideramos verdad se aparta de la naturaleza humana, entonces no puede ser verdad.

Confucio

COLOFÓN

Bendice cuanto te rodea

Bendecir se compone de dos palabras: "bien" y "decir": Decir bien a otro. La bendición es tanto Palabra como Don. Es decir bien dando de verdad; las dos cosas juntas. La bendición no es "palabras lindas". Es una palabra que se dice con amor, a veces imponiendo las manos sobre la cabeza (...), dando un bien. La bendición transforma las cosas y nos abre los ojos al sentido profundo que tienen: cuando uno bendice el pan se da cuenta de que no es sólo un producto de consumo, es el fruto del trabajo que se comparte con cariño de familia, tanto en la mesa de la cocina o en el comedor (...).

La bendición es palabra llena de buenos deseos para el otro y también para adelante y para atrás: palabra llena de buenos deseos para el futuro y de agradecimiento por lo recibido y compartido. Por eso bendice el que da, para que el don le llegue al otro multiplicado y transfigurado por ese buen deseo que llena de amor lo que se dona. Por eso bendice el que recibe, expresando su agradecimiento por el don recibido y compartido. Palabra y don van juntas. (…).

Por ello es tan lindo el gesto de bendecir. (…). Bendecir es algo que nos anda haciendo falta en nuestra vida como comunidad. Decirnos bien las cosas buenas que nos damos. El no decirnos bien

> *Recuerda siempre olvidar las cosas que te entristecieron. Pero nunca te olvides de recordar, las cosas que te alegraron.*
>
> *Bendición irlandesa*

las cosas en público es quizás uno de nuestros defectos. Porque en ámbitos más personales o más de amistad y de familia, solemos tener buen diálogo. En cambio, nos cuesta el diálogo público: el decirnos bien las cosas (...), delante de todos, para bien de todos.

También nos hace falta decirnos bien las cosas que nos dieron nuestros mayores: bendecir nuestro pasado, no maldecirlo. Lo que fue pecado e injusticia también necesita ser bendecido con el perdón, el arrepentimiento y la reparación. Y lo que fue bueno, necesita ser bendecido con el reconocimiento y la acción de gracias que sabe valorar la vida que se nos dio, la tierra que recibimos. Bendecir el pasado es hablar bien de Dios, de nuestros padres y de nuestros abuelos. Agradecer lo que nos dieron aun con sus imperfecciones y pecados es ser bien nacidos. Pero es mucho lo recibido. El que maldice para atrás es porque seguramente está planeando sacar una ventaja en el presente o en el futuro, una ventaja que no será bendición para otros.

Nos hace falta también "bendecir el presente", hablar bien unos de otros. No para adularnos, sino buscando lo que construye, lo que une, lo bueno que compartimos y que supera las distintas perspectivas y es bien común.

Nos hace falta "bendecir el futuro", bendecirlo con gestos de trabajo cuyo fruto no será para nosotros, sino para nuestros hijos.

El perdón es una decisión, no un sentimiento, porque cuando perdonamos no sentimos más la ofensa, no sentimos más rencor. Perdona, que perdonando tendrás en paz tu alma y la tendrá el que te ofendió.

Madre Teresa de Calcuta

BIBLIOGRAFÍA

A. Homilías del cardenal Jorge M. Bergoglio, arzobispo de Buenos Aires. Agencia informativa católica argentina (Aica)

AÑO 2000
• Mensaje dado a las comunidades educativas,
29 de marzo de 2000.

AÑO 2001
• Mensaje dado a las comunidades educativas,
al término de la misa celebrada en la Catedral
Metropolitana, con motivo de la iniciación
del año lectivo, 28 de marzo de 2001.
• Homilía en el Tedéum, celebrado en
la Catedral Metropolitana, 25 de mayo de 2001.

AÑO 2002
• Mensaje dirigido a las comunidades educativas, al
término de la misa celebrada en la Catedral
Metropolitana, con motivo de la iniciación del año
lectivo 2002.
• Homilía en el Tedéum, celebrado en la Catedral
Metropolitana, 25 de mayo de 2002.

AÑO 2003
• Mensaje a las comunidades educativas, en la Misa
celebrada en la Catedral Metropolitana,
9 de abril de 2003.

- Carta a los catequistas, 21 de agosto de 2003.
- Homilía con motivo de la Fiesta de San Ramón Nonato, 31 de agosto de 2003.
- Homilía en la misa de Nochebuena, 25 de diciembre de 2003.

AÑO 2004
- Homilía en la misa central por los festejos de la parroquia Santa Inés Virgen y Mártir, 21 de enero de 2004.
- Homilía con motivo de la Jornada por la Vida, realizada en la Universidad Católica Argentina, 25 de marzo de 2004.
- Inauguración del centro solidario San José de Cáritas Buenos Aires, 3 de abril de 2004.
- Homilía durante la Vigilia Pascual, 10 de abril de 2004.
- Mensaje a las comunidades educativas, 21 de abril de 2004.
- Homilía en el Tedéum, 25 de mayo de 2004.
- Reflexión en las VII Jornadas Arquidiocesanas de Pastoral Social, 26 de junio de 2004.
- Homilía en la Fiesta de San Cayetano, 7 de agosto de 2004.
- Carta a los catequistas, agosto de 2004.
- Homilía en el Congreso Eucarístico Nacional, 2 de septiembre de 2004.
- Intervención durante el rito de Rosh Hashaná, en la sinagoga de la calle Vidal 2049, Buenos Aires, 11 de septiembre de 2004.

AÑO 2005

- Mensaje publicado en el diario La Nación, el 6 de enero de 2005, Festividad de la Epifanía del Señor.
- Intervención en la Plenaria de la Comisión para América Latina, Roma, 19 de enero de 2005.
- Mensaje a las comunidades educativas, 6 de abril de 2005.
- Homilía con motivo de la Fiesta de San Ramón Nonato, 31 de agosto de 2005.
- Homilía en la Misa de Nochebuena, Buenos Aires, 24 de diciembre de 2005.
- Homilía en la Misa por las víctimas de la tragedia de Cromañón, concelebrada en la Catedral Metropolitana, en el primer aniversario de la tragedia, 30 de diciembre de 2005.

AÑO 2006

- Homilía en la misa del Encuentro Arquidiocesano de Catequesis, 11 de marzo de 2006.
- Disertación en la Asociación de Entidades Periodísticas Argentinas, 6 de abril de 2006.
- Homilía durante la Misa Crismal, 13 de abril de 2006.
- Mensaje a las comunidades educativas, 27 de abril de 2006.
- Homilía en el Tedéum, 25 de mayo de 2006.
- Homilía en la solemnidad del Corpus Christi, 17 de junio de 2006.

- Homilía en la Fiesta de San Cayetano, 7 de agosto de 2006.

AÑO 2007
- Homilía en la Fiesta de San Cayetano, 7 de agosto de 2007.
- Homilía con motivo de la Fiesta de San Ramón Nonato, 31 de agosto de 2007.

AÑO 2009
- Ponencia en las XII Jornadas de Pastoral Social de Buenos Aires, en el Santuario de San Cayetano, 19 de septiembre de 2009.

AÑO 2010
- Misa por las víctimas del terremoto de Haití, 17 de enero de 2010.
- Mensaje con motivo del inicio de la Cuaresma, 17 de febrero de 2010.
- Carta convocatoria y de adhesión del Cardenal J. M. Bergoglio al 3.er Encuentro Nacional de Grupos Misioneros, Buenos Aires, 3 de marzo de 2010.
- Conferencia en la conmemoración del 25 aniversario del Seminario "La Encarnación" de la ciudad de Resistencia, 25 de marzo de 2010.
- Cita de la Homilía de Benedicto XVI del 13 de Mayo de 2007, en la Explanada de Aparecida, en la Conferencia de conmemoración del 25 aniversario

del Seminario "La Encarnación" de la ciudad de Resistencia, 25 de marzo de 2010.

- Homilía en la Misa por la Educación, Catedral Metropolitana, 14 de abril de 2010.
- Homilía en la Solemnidad de Corpus Christi, 5 de junio de 2010.
- Ponencia en el lanzamiento del "Consenso para el desarrollo", Universidad del Salvador, 17 de junio de 2010.
- Homilía en el Santuario de San Pantaleón, con motivo de su Fiesta Patronal, 27 de julio de 2010.
- Homilía en la Fiesta de San Cayetano, 7 de agosto de 2010.
- Homilía en la XXXVI Peregrinación Juvenil al Santuario de Luján, 3 de octubre de 2010.
- Conferencia en la XIII Jornada Arquidiocesana de Pastoral Social: "Hacia un Bicentenario en justicia y solidaridad 2010-2016. Nosotros como ciudadanos, nosotros como pueblo", Buenos Aires, 16 de octubre de 2010.
- Homilía en la misa en sufragio del Dr. Néstor Kirchner, 27 de octubre de 2010.
- Homilía en la Misa de Nochebuena, Catedral de Buenos Aires, 24 de diciembre de 2010.

AÑO 2011
- Mensaje con motivo del inicio de la Cuaresma, 9 de marzo de 2011.

- Homilía con motivo del Miércoles de Ceniza, 9 de marzo de 2011.
- Homilía con motivo de la misa en memoria de las víctimas del trabajo esclavo, a los cinco años del incendio del taller clandestino de la calle Luis Viale 1269, 27 de marzo de 2011.
- Homilía en la Misa Crismal, Catedral Metropolitana, 21 de abril de 2011.
- Homilía en la Maternidad Sardá, en la misa del Jueves Santo, 21 de abril de 2011.
- Homilía en la Vigilia Pascual, 23 de abril de 2011.
- Homilía en la misa de clausura del Congreso Nacional de Doctrina Social de la Iglesia, Rosario, 8 de mayo de 2011.
- Homilía en el Tedéum, 25 de mayo de 2011.
- Homilía en la misa de la Renovación Carismática Católica, Catedral de Buenos Aires, 4 de junio de 2011.
- Homilía en la solemnidad del Corpus Christi, 25 de junio de 2011.
- Homilía en el santuario de San Pantaleón, con motivo de su fiesta patronal, 27 de julio de 2011.
- Palabras iniciales en el Primer Congreso Regional de Pastoral Urbana, 25 de agosto de 2011.
- Homilía en la Fiesta de San Ramón Nonato, 31 de agosto de 2011.

AÑO 2012

- Homilía en el Encuentro Arquidiocesano de Catequesis, 10 de marzo de 2012.
- Homilía de la misa celebrada en la Catedral Metropolitana, tras la cual se rezó un rosario por la vida, 25 de marzo de 2012.
- Homilía en la Vigilia Pascual, 7 de abril de 2012.
- Homilía en la Misa de Nochebuena, 24 de diciembre de 2012.

TEXTOS, ARTÍCULOS DE REVISTA Y DIARIOS

- Bergoglio, Jorge, *El verdadero poder es el servicio,* Buenos Aires, Editorial Claretiana, 2007.
- Bergoglio, Jorge. Artículo publicado en el diario *La Nación*, 23 de diciembre de 2011, citado en la homilía Saludo de Navidad, 2011. AICA.
- Bergoglio, Jorge y Abraham Skorka, *Sobre el cielo y la tierra*, Buenos Aires, Sudamericana, 2010.
- *La Nación*, "Jorge Bergoglio: anécdotas del hombre que hace un culto del perfil bajo" (en línea). Disponible en: http://www.lanacion.com.ar/1562721-anecdotas-del-hombre-que-hace-un-culto-del-perfil-bajo. (Fecha de consulta: 27/3/2013).
- Rubin, Sergio y Francesca Ambrogetti, *El jesuita*, Buenos Aires, Javier Vergara Editor, 2010.

"Los que aman con todo su ser, aun llenos de debilidades y límites, son los que vuelan con ligereza, libres de influencias y presiones."